教育革命への挑戦

幸福の科学学園の10年を振り返って

幸福の科学学園 中学校・高等学校校長
竜の口 法子 著

高い志《こころざし》と強い情熱を持つ子供たちを育てたい

日本という国は、ある程度《ていど》のところまで発展《はってん》はしましたが、高貴《こうき》なる義務《ぎむ》を感じる人材の養成《ようせい》については、成功《せいこう》しているとは言えません。

「自分さえ、よければよい」「家族や自分の周《まわ》りの人たちが、よければよい」というあたりで止まっていて、「世界のことについては、他の有力国や国連《こくれん》に任《まか》せればよい」と考えるような人が多く、どうしても主体性《しゅたいせい》がありません。

やはり、「自分たちで、この国をよくし、世界をよくしていく」という、強い決意を持たねばならないと思います。

そのためには、高貴なる義務、ノーブレス・オブリージ（高い地位《ちい》や身分に伴《ともな》う義務）を感じる人を育てなければいけません。そして、そのバックボ

ーンには、やはり、宗教的《しゅうきょうてき》なるものがなければいけないのです。（中略）
本来、宗教が、神仏《しんぶつ》の教えから出ているものであるならば、悪いものであるはずがありません。偽物《にせもの》は別《べつ》ですが、本来、神《かみ》、仏《ほとけ》から出ているものであるならば、宗教は善いものでなければいけないのです。
したがって、「宗教がバックボーンとなっている学校教育や、宗教教育を受けた人たちが、この国の政治《せいじ》や経済《けいざい》を担《にな》っていく」ということは、素晴《すば》らしいことでなければいけません。
同時に、そういう教育を受けた人たちは、「この国を超《こ》え、他の国の人たちをも助けていこう」という高い志《こころざし》を持たなければいけないと思います。私は、そうした、高い志と強い情熱《じょうねつ》を持った子供《こども》たちを育てていきたいのです。

大川隆法著『教育の法』より

まえがき

幸福の科学学園はこの2020年、那須本校開校10周年、関西校開校7周年を迎えました。この間、保護者の皆さま、地域の皆さま、全世界の幸福の科学の信者の皆さまから、多大なるご支援、応援をいただき、ここまで前進することができました。言葉で表すことができないほどの感謝の思いでいっぱいです。本当にありがとうございます。

そして、開校当時から、今も「宝」のように生徒たちに愛情を注《そそ》ぎ続けてくださる創立者・大川隆法総裁に心より感謝申し上げます。

2010年4月に開校した幸福の科学学園那須本校、また、2013年4月に開校した関西校はそれぞれ、中高合わせて全校生徒500名程度《ていど》という小さな学校ではありますが、「文武両道《ぶんぶりょうどう》」を掲げる生徒たちの活躍・実績には目を見張るものがあります。学業にも、部活動にも、校内行事にも、真摯《しんし》に努力・精進《しょうじん》を重ねる生徒たちの姿を傍《そば》で見ていると、感動の日々であるとともに、宗教教育の持つ力に驚《おどろ》くばかりです。努力の大切さ、友人への寛容《かんよう》な心、自立心、お世話になった方への感謝の心、そして公《おおやけ》のために役に立ちたいという騎士道精神《きしどうせいしん》。こうした宗教教育が世界中に広まれば、世の中のあらゆる問題は、建設的に解決していくのではないかと感じるのです。

大川総裁は、那須本校が開学する直前の2010年1月、「**『日本と世界を支え、発展《はってん》させ、導《みちび》けるような人材《じんざい》をつくる』ということが、幸福の科学学園の使命です**」と、大きな期待を寄《よ》せてくださっています（『教育の法』〈幸福の科学出版刊〉）。

このたび、那須本校開校10周年、関西校開校7周年の記念に、ご支援くださる皆さまへのご報告も兼ね、筆を執《と》ることにしました。第1章は、私から見た幸福の科学学園、第2章は、関西校の冨岡校長と私の対談、第3章、第4章には、卒業生との座談会を収録しました。

未来《みらい》を見据《みす》えたとき、混沌《こんとん》とした今の日本に必要な「何か」を見つけるヒントがこの本にあると思います。
「理想の教育」を実現し、世界中に押し広げていく扉を、ぜひ、一緒に開いてまいりましょう。

2020年5月17日

幸福の科学学園中学校・高等学校校長　竜の口法子

もくじ

第1章

創立10周年にあたって

幸福の科学学園中学校・高等学校校長　竜の口法子

第2章

校長対談　冨岡無空×竜の口法子

第3章

卒業生との座談会パート1

社会で活躍する卒業生&学生

第4章

卒業生との座談会パート2

宗教家として活躍する卒業生

第1章

創立10周年にあたって

幸福の科学学園中学校・高等学校校長　竜の口法子

1. 人間力を高めつつ、成果も出す部活動とは

幸福の科学の教育理念のもと、幸福の科学学園中学校・高等学校が創立されてから、10年が経《た》ちます。わずか10年間ながら、生徒たちの努力・精進《しょうじん》、活躍には目を見張るものがあります。

たとえば、進学実績です。那須本校では2013年に初めての卒業生を迎えましたが、通算、ハッピー・サイエンス・ユニバーシティ（以下、HSU）463名、東大16名、京大3名、早稲田・慶應162名、その他医学部や理系難関大、私立難関大に多数合格者が出ています。2019年度は、HSU67名、東大1名、GMARCH20名などの実績を上げています。

同じく関西校でも、一期生卒業の2015年度から早速、HSU81名、東大・京大各1名、早大12名、関関同立35名、GMARCH4名の合格実績を上げ、以降、毎年その実績を積み重ねてきています。2019年度はHSU70名、東大1

名、早稲田９名、同志社大６名、立命館大６名、関西大５名、関西学院大３名など、勢いは増すばかりです。

勉強だけではありません。部活動においても、全国レベル、世界レベルの部活が複数活躍しています。那須本校からはチアダンス部は全国大会常連です。中学の部は今年、各大会合わせて14回目の全国大会優勝を飾《かざ》り、世界大会での優勝経験も複数回持ちます。関西校からはダンス部が、同じく全国大会常連で、ジャズダンスのアメリカ世界大会優勝者もいます。

ほかにも、吹奏楽部、美術部、かるた部は全国大会に出場・受賞していますし、運動部でも水泳部やテニス部は全国大会経験。まだ全国大会へ進めていませんが県大会で競合レベルまで成長した部活も数多くあります（２３２ページ参照）。

中学校一学年60名、高校一学年１００名程度《ていど》の小規模学校にしては、驚異的《きょういてき》な成果です。

卒業生は社会に出て、活躍を始めています。幸福の科学に奉職《ほうしょく》した者もおり、支部長をはじめとして救世《きゅうせい》運動に活躍しています。海外の大手企業に就職した者もいれば、経営者を目指して修行中の者もいます。今後、たくさんの成果が出てくるのが今から楽しみです。「学力と徳力を備《そな》えた、真のエリートを輩出《はいしゅつ》する」——仏法真理に基づく理想の教育が今、だんだんと姿を現してきています。

本章では、校長の立場から見た幸福の科学学園をご紹介してまいります。

「幸福、待望の『夏の一勝』」

2019年夏。幸福の科学学園野球部は、全国高等学校野球選手権記念栃木大会で初勝利を飾りました。

7月17日の下野《しもつけ》新聞の「ハイライト」では、「幸福、待望の『夏の一勝』」と大きく報道されました。「たかが、地方大会の予選の一勝でしょ」と、笑われるかもしれませんが、私にとっては、一生忘れることのできない一日となりました。私はスタンドから生徒たちと一緒に声援《せいえん》を送りつつ、大事な場面では目をつぶってしまい、手を合わせ祈ることしかできませんでした。ふと、応援席の周《まわ》りを見ると、近隣《きんりん》の方々も集まり、私と同じように、「頼むから勝ってくれ！」と祈るように応援してくださっていました。

たった一勝だけれども、９年間負け続けてようやく勝ちとった「夏の一勝」です。グラウンドには、幸福の科学学園校歌「未来《みらい》をこの手に」が誇らしげに響《ひび》き渡りました（秋季大会では２０１４年に県ベスト8になるなど、他大会では勝ち進んでいる）。

19年末を最後に、８年間にわたって野球部を

ご指導くださった樋下田宏一監督《ひげたこういちかんとく》が引退《いんたい》されました。矢板中央高校を県内有数の強豪校に育て上げたその手腕《しゅわん》から、栃木の高校野球界では最も注目されていた監督が、そのユニフォームを脱ぐ地に、幸福の科学学園を選んでくださったのです。

生徒会が樋下田監督の引退セレモニーを企画すると、中学・高校のほぼ全生徒と野球部ＯＢが集まり、感謝のメッセージビデオと花束が贈呈《ぞうてい》されました。とちぎテレビと下野新聞の方も取材に来てくださっていました。集まった生徒たちに対し樋下田監督がかけた最後の言葉が、「幸福の科学学園の生徒から、日本と世界を背負って立つ人材が出てほしいと心から願っている」でした。８年間、雨の日も雪の日も、宇都宮から通い続けて生徒を指導してくださった監督の最後の言葉に、学園生への期待の大きさを感じました。

野球部に新監督就任！

樋下田監督が引退なされたのち、幸福の科学学園野球部には、棚橋誠一郎《たなはしせいいちろう》監督が就任《しゅうにん》してくださいました。棚橋監督は、約《やく》20年間とちぎテレビで高校野球の解説をされてきた方で、幸福の科学学園が初の「夏の一勝」を上げた際、とちぎテレビのニュースの解説で、「幸福、思いの力で夏の扉を開きましたね」とコメントしてくださったこともあります。作新《さくしん》大や高校野球などの監督経験も豊富で、栃木野球界では広く知られています。

２０１９年11月30日の下野新聞で棚橋監督の就任が報道されると、多くの方から就任お祝いの電報《でんぽう》、お電話、メールなどをいただきました。

礼儀正しく正々堂々の勝負をする「幸福の科学学園　野球部」は、ありがたいことに関係者の皆さまからも評判がよく、「実は幸福の科学学園の監督後任を狙っていたのですが（笑）」と言ってくださる方もいます。生徒たちが、本当に多くの方に愛されているのだなと実感した出来事でした。

14回目の全国優勝

また、チアダンス部は2020年1月、中学生の部で14回目の全国大会優勝を飾りました。今まで、中・高合わせて世界大会優勝は3回、準優勝3回、全国大会優勝は16回、準優勝2回を成し遂げています。

実は私は過去1回だけ、世界大会に引率《いんそつ》したことがあり、世界の舞台をこの目で見てきました。本場アメリカの声援のなか、アウェー感の

2016年の世界大会。この年、中学チームは優勝した。

ある日本チームが成果を出すことが、いかに大変かを実感しました。日本内で短時間のフライトもしたことがない中学1年生が、アメリカへ飛行機で行って、日ごろの成果を全部出し切るのですから、鋼鉄《こうてつ》のような強い心が必要です。中学時からこうした経験を積めるこの子たちの将来が本当に楽しみです。

3年でメンバーが全員入れ替わる中学の部活動で、ほとんどが未経験者。しかも、選抜メンバーで出場するわけではなく、まだ身体の小さい中1も含め全員で出場する方針です。未経験から始めた全員が出場して、14回も全国優勝し続けるとは、本当に立派《りっぱ》です。中高チームとも、全国優勝を重ねていますと、ほかの学校チームは「打倒、幸福」と言って練習しますから、年々、優勝は難しくなっています。

また、世界大会出場という華々《はなばな》しい面ばかり強調されますが、実は地元のお祭りやイベントで踊《おど》ることも多くあります。たとえば、地元「那須の郷《さと》 高館《たかだて》まつり」には7年連続ご招待いただき、地域の方々にファンがたくさんできました。那須町での地域交流に大変貢献してきたチアダンス部です。こうした日々の積み重ねの結果、2020年那須町で開催が予定されていたオリンピック聖火リレー栃木のパフォーマンスに、出場が決定していました（残念ながら、オリンピックは延期になってしまいましたが）。

栃木では毎年、「〝輝くとちぎ人《じん》〟の集い」が開催されており、幸福の科学学園チアダンスチームも5年連続で毎年、ご招待いただいております。

時間とチームワークを大切に

ほかにも、活躍中の部活はたくさんあります。

たとえば、かるた部は2018年、栃木県大会を優勝し、全国大会ベスト8に輝きました。メンバーには中1の子もいました。

美術部のSくんは、地元の中学校のときは不登校でした。けれども高校から学園に入り、高1、高2と2年連続で全国高等学校総合文化祭（※）に出場しています。

※美術のインターハイのようなもの。

さらに、Sくんは、入学後一日も休まず高校生活を送り、みごと皆勤賞《かいきんしょう》をとって2020年3月1日、那須本校を卒業していきました。ほかの部員も「愛鳥週間」ポスターの受賞などを毎年重ねています。数多くの実績を重ねているのは、幸福の科学学園の美術部の理念に、何か感動を与えるものや、与える愛の気持ちが入っているのでしょう。

幸福の科学学園の部活動は、「強化部」を除き、基本的に週3回の活動です。全校生徒が那須本校・関西校それぞれ500名ほどなので、もともと母数も多くありません。

人数も練習時間も限られたなかで結果を出すために、生徒たちは非常に時間を大事に使っています。たとえば、寮のラウンジでは、就寝準備用の短い時間に集まって、柔軟《じゅうなん》運動や練習をしている様子も見かけます。

全寮制の強みを十二分に生かしながら、心を合わせてチームワークを高め、研究し、短い時間で成果を出すための効率や、戦略をすごく考えているのです。

2. ひとあじ違う！　さまざまなイベント

全員参加の語学研修

当校では、全員が海外へ語学研修に行きます。中学3年生はオーストラリアへ、高校1年生はアメリカで数日間ホームステイします。

まず、語学研修に行く前に、英検にチャレンジして英語力を高めます。もともと学園は開校時から、英語教育に力を入れており、「年一度は英検を受けよう」を合言葉に、入学したときから志《こころざし》を立てます。

「英検大勝利講座」と名づけ、級ごとに分けた講義があります。4級、3級、準2級、2級、準1級、1級から選び、中1から高3まで入り混じって授業を受けます。

２次の面接試験対策は全員、とことん完全マンツーマンで練習です。その結果、帰国子女でもないのに準１級や１級に受かる中学生もいます。準１級や１級は国際情勢などにも精通《せいつう》していなければならないため、高校の英語の先生でも半数は落ちると言われるほどの難関です。こうして英語力を磨いた上で、見知らぬ土地へ旅立ちます。

私は一度、関西校のアメリカ語学研修に引率したことがあります。そのとき体験した周りの方々の反応によって、いかに全生徒参加の語学研修が貴重なものであるかを実感しました。

スタンフォード大学メモリアルチャーチ前で。

関西国際空港で通りがかりの方に、「若く見えますが、何の団体ですか?」と聞かれたので「幸福の科学学園の高1生です。アメリカ西海岸に9日間の研修に、全員で行きます」と答えたら、その男性は目を丸くして、「全員が行くんですか。そんな学校があるんですか」と本当に驚《おどろ》いた様子でした。その後、サンフランシスコ国際空港でも同じやりとりがありました。

これは実は、創立者・大川隆法総裁の強い熱意があってのことです。パスポートを初めてつくる。飛行機に乗るのも初めて。海外に行くのも初めて。そんな子が大多数です。

普段から寮生活をしていますから、親元を離れて身の周りのことを自分でやっているという意味では、一段、自立した子たちなのですが、さらに、海外で日本語を一切話せないなか、なんとかコミュニケーションをとるのです。きっと、言葉が通じなくて泣きそうになったり、言いたいことを言えなくて悔しい思いもしているでしょう。でも、やっぱり何かを摑んで一回りも二回りも大人になって帰ってきてくれるのです。たった数日間で皆、大人びて、精悍《せいかん》な顔つきになります。

生徒に感想を聞くと、「自分の英語力のなさが悔しい。アメリカでは『どっちでもいい』は通じない。下手な英語でも自分の意志を伝えなければいけない」「もっと勉強して世の中のお役に立ちたい」など、収穫は計《はか》り知れません。

大人になって、自由なお金ができてから海外に行くのではなく、若いこの時期に海外を経験するということが、将来にどれほどの価値あることなのか。それを、帰ってきた生徒の顔を見て、私は本当に実感します。

世界で活躍するデザイナーに

語学研修がきっかけで人生が変わる生徒もいます。たとえば一期生のWさんは、卒業後、アメリカに渡り大手広告代理店で働いたのち、現在は日本の企業で働いています。

彼女はもともと美術部でデザイナーを志していたのですが、アメリカで語学研修を経験し、「必ず将来、海外で仕事をする。世界をまたにかけて活躍する」と夢を固めました。

実は、当時Wさんは、レベル別《べつ》の英語クラス分けで一番下のクラスでした。けれども、「下のクラスだから自分には無理だ」と諦《あきら》めなかったのです。アメリカでの語学研修から帰ってから彼女は、英語の課題を出されると、すべて2倍の量を仕上げて提出していました。

高校卒業後はアメリカの美術大学に進学。そして、難関広告代理店にインターンを申し込んだところ、ポートフォリオ（作品集）と本人面接を経て、その場で正社員採用されました。

多くのデザイナー志望の若手が入りたくてもなかなか入れない会社に、通常の就職試験のステップをすっ飛ばして即採用。よっぽど優れていないとできないことです。才能ももちろんありますが、諦めずにチャレンジ精神を発揮し、苦手を克《こく》服《ふく》しようとし続けた陰の努力も見逃してはならないと思います。

涙、涙の体育祭

私が赴任したばかりの頃、当時、那須本校の副校長をされていた久保田暁《さとる》先生が、「体育祭がすごいですよ。あれを見ちゃうと教員やめられなくなりますよ。僕なんて、運動場に立ち尽《つ》くして泣きましたから」と教えてくれました。普段クールな久保田副校長が棒立ちになって泣くなんて、一体、どんな体育祭だろう？と すごく楽しみにしていました。

幸福の科学学園の体育祭は5月に開催するので、学年が上がって初めての大きな行事です。クラスのなかで色ごとにチーム分けをして、中1から高3まで縦割りのチームになります。各チームに高2から「団長」が任命されますが、団長はまさにヒーロー、後輩たちの「憧《あこが》れ」となります。

体育委員会は理念を決め、準備を進め、学年競技を決めます。学年競技では、「今までにはない新しい競技を編み出すんだ」と誰も見たことのない競技を披露するのが、毎年の伝統のようです。ときどき、体育の先生が、「それは危ないからやめたほうがいいよ」と言っても簡単に諦めず、「それならセーフティネットを使おう」「ヘルメットをしよう」などとアイデアを出し合います。

一番の目玉は「応援合戦」です。昼休みが終わって午後の部のスタートに、チーム

関西校体育祭高校男子の騎馬戦。

ごとにオリジナルパフォーマンスを披露します。4月から、勉強の合間、部活の合間に集まって、中1から高2まで一丸《いちがん》となって練習してきたものですから、本番はさながら〝命がけ〟です。よく見ると皆、踊りながら泣いています。最終的にチームの人たちは先輩も後輩も家族みたいになって、体育祭が終わってもよく一緒にいるようです。

最後のプログラムは、高3生による「感謝の演舞」です。高3生は、「応援合戦には参加できないけど周りの方々や両親に感謝を伝えたい」ということで、このプログラムは始まりました。受験勉強と両立しながら練習し、考えた、感謝の言葉を伝えます。

体育祭のテーマは毎年変わりますが、常に変わらない理念もあります。それが、「感謝」です。体育祭は、離れて暮《く》らす親や関係者が見に来てくれる数少ない晴れ舞台。毎年、生徒たちは、「観に来てくださる方に、感謝の思いを届けよう」と声をかけ合っています。

全力で戦い、すべての演目が終わると結果発表です。優勝チームが発表されるとグラウンドは大歓声に包まれ、「おめでとう!」の嵐。全員が優勝チームを全力で祝福します。喜びの雄叫びと、祝福と、涙と……。確かに、こんなに感動と感謝に溢《あふ》れた体育祭を経験してしまうと、久保田副校長の言った通り、教員をやめられなくなるものです。

才能発掘の場・文化祭

文化祭は毎年、9月に行われます。那須本校では「大鷲祭《おおわしさい》」と呼び、関西校では「翔龍祭《しょうりゅうさい》」と呼んでいます。

文化祭ではおもに、クラスごとに「展示」「劇」「合唱コンクール」の三つを創り上げていきます(※)。5月の体育祭では、クラスのなかでもチーム分けされてお互い〝ライバル〟になるのですが、この文化祭を乗り越えるとクラスは一つに団結

※那須本校の中学校では、クラスの出し物は「展示」「劇」の二つ。

します。

「展示」は、研究内容をまとめたものから、タピオカ屋さんなど流行《はや》りものを提供するお店もあります。「ジェットコースター屋さん」などは若者ならではの発想です。どのクラスも「ただ面白《おもしろ》いだけ、ただ流行っているだけ」のものを出すのではなく、「何かしらの感動や仏法真理の価値をお客さんに提供しよう」と工夫しています。おしゃれなバーのようなカフェで、壁面にプロジェクションマッピングを使い、仏法真理の一転語《いってんご》（※）を表現するというものもありました。学園生はみんな、人に感動を与えたり、喜ばせたりするのが大好きなのです。

また、「劇」のレベルもすごいものがあります。どのクラスもオリジナルの脚本を書くのですが、基本的に人を笑わせるのが好きな子たちですから笑いをとりつつ、本筋《すじ》は仏法真理に沿った感動ストーリー。人の命を考えたり、霊的人生観を実感したりできるようになっています。体育祭や合唱コンクールでは「わが子の成長」に感動して泣く保護者の方々が、劇では、ストーリーに感動して泣いてい

※一転語　迷いを転じて悟りに導く言葉。

る姿をよく見かけます。

中1は中1なりに幼さの残る脚本にはなるのですが、それが高2にもなると、脚本も舞台道具も演出もかなりハイレベルです。まるでプロの演出家のように演技指導をしたり、照明を駆使したり。「よく毎年、すべてのクラスに、立派な脚本を書ける子がいて、大人顔負けの演技をする子がいて、舞台道具をつくれる子がいて、照明や音響を操れる子がいるなあ」と感心してしまいます。中学・高校で文化・芸術系のことを実践しながら学べる場所は、意外とないものです。劇をつくるまでの過程が、一人ひとりの才能の発掘と成長の機会になっているように見えます。

ほかにも、部活ごとの展示や出しもの、全国大会で金賞をとった吹奏楽部の演奏、世界大会を制したチアダンス部の演技などがあり、地元の皆さまにも好評です。OGやOBも、皆さんで観に来てくれ、まさしくホームカミングデー。

創立者の大川隆法総裁は、文化的な部分や創造性の部分にも、とても力を入れてくださっています。本当に生徒たちの創造力が爆発する、文字通りの〝文化祭に成長してきたなあと思います。

3．この時期にしか得られない「宝物」が寮生活にはある

〝パニック状態〟だった開学3年目

私が宗教教育担当に赴任したのは2012年の夏でした。開学から3年目、ようやく全学年が揃《そろ》ったタイミングでしたが、自習部屋は生徒が溢れて、場所がない。行事などを行う大川隆法記念講堂も、全校生徒が入るとパンパンです。開学前にさんざんシミュレーションしていたのに、やってみなけ

れば分からないことばかり。当時の校長・副校長もパニックで、てんてこまいの日々でした。カフェテリアは、3年目にして早くも改装したほどです。

先生方はそれぞれ〝自転車操業〟で、細かい対応に駆け回っています。毎日が試行錯誤《しこうさくご》で、「昨日はこの時間割だったけど、今日は違う時間割」などということも頻繁《ひんぱん》に起こりました。怒ってもしかたない状況ですが、生徒たちは、「まだ草創《そうそう》期《き》ですからね」「みんなで創っている時期なので、朝令暮改《ちょうれいぼかい》もしかたないですよ」と。なんて大人な対応でしょうか。

私も、お祈りの時間や作務《さむ》(※)の時間を変えてみたり、一人で静かに考えごとができるようにお祈り部屋をつくったり、校内・寮の要所要所に「御本尊」を御安《ごあん》置《ち》させていただいたりと、毎日、どうしたら生徒一人ひとりが安全に、ストレスなく、充実した学園生活を過ごせるか考え、試し続けました。まさに、生徒たちと一緒に一つひとつ、創り上げていったという感じでした。

※作務　清掃を通じて心を見つめる宗教修行の一つ。

「感謝の心」が生まれるとき

幸福の科学学園は那須本校が全寮制、関西校は生徒の約8割が寮生活です。4月に入学し、ゴールデンウィークに帰省すると、毎年ご両親から「既に、別人みたい」と驚《おどろ》きの声が寄《よ》せられます。

少子化のとまらない現代において、共同生活をする経験はなかなか多くありません。そんななか、中学・高校の時期に寮生活をさせていただくことによって、自立心と自制心が身につきます。

また、中学・高校はちょうど、反抗期や思春期《ししゅんき》を迎えます。それに対して、友達と一緒に仏法真理を頼り、ときには、先輩に訊《き》いたりしながら解決していくことになります。普通なら、家でお母さんやお父さんにぶつけたりするのですが、親には頼れません。友人との間で学び合おうとします。

しかし、そうした時期を乗り越えると、親に深く感謝するようになるのです。

両親に対する反省と感謝を深め、感謝のお手紙を書き始めたりします。

両親と離れるときには、お互い悲しかっただろうと思うのですが、逆に、離れているからこそ、深い心のつながりみたいなものが生まれるのでしょう。そして、「ありがとう」と素直に伝えられるようになる。「子が親に感謝できる」というのは、とても幸せなことだと思うのです。

多様《たよう》なものの見方や価値観を知る

たとえば、関西圏の言葉を関東圏の子が聞くと、きつく感じることもあります。また、全校生徒が10人程度の学校から来る子もいれば、マンモス校から来る子もいます。当然、今まで持っていた価値観のぶつかり合いが起きるわけです。同じ日本人で同年代とはいえ、環境やカルチャーが違うなかで育った者同士が同じ空間に投げ出されて生活します。

寮職員もいますが、ある意味、寮は〝子どもたちの世界〟です。大人が入らずに、子ども同士で問題を解決していくというのも、大事な時間です。自分たちで注意し合ったり、提案したり、問題提起したり、励《はげ》まし合ったりする。そうしたなかで、多様《たよう》なるものの見方や寛容性《かんようせい》、忍耐力《にんたいりょく》が身についてくるのです。違いを超《こ》えて、同じ理想に向かって一つになっていくというのは、ものすごい学びだと思います。

海外の学校の寮生活などは、ものすごく厳しい規律があるようで、「門限を破っただけで退学」ということもよくあります。当校でも、規則を破ったら厳重注意《げんじゅうちゅうい》や謹慎《きんしん》にすることもありますが、学園寮としてはかなり緩《ゆる》いほうです。それは、すべてが成長のプロセスにあり、「何か問題があっても、それですべてが終わってしまうわけではない」と考えているからです。

生活すべてをお預《あず》かりする

3年間、もしくは6年間、多感な時期を親元から離れて暮らすわけですから、悩んだり、壁《かべ》にぶつかったりすることはそれぞれあると思います。ストレスの逃がし方が分からなくて校則違反して叱られたり、喧嘩《けんか》して問題になったりすることもあるでしょう。

問題になったときはすぐにチームをつくって解決にあたります。そして、一方的な見方にならないように、いろいろな方にその子の良いところを聴いたり、悩みを聴いたりした上で、仏法真理による解決方法を探ります。たとえば、「感謝を深めるプログラム」を考えたり、幸福の科学の精舎《しょうじゃ》研修に行ったり。だから、誰にでも適用できる「問題解決プログラム」みたいな決まったものがあるわけではなく、一人ひとりの人生課題に合わせて、複数の教職員で問題の根本にしっかり向き合っています。

「反抗期の大変な時期を全部学校に預《あず》けてしまって申し訳ない」と言ってくださる親御《おやご》さんもいらっしゃいますが、そうは言っても、中学生から高校生の一番お子さまが変化する時期を見られないにもかかわらず、学校に託してくださっているわけです。

私が見た光景《こうけい》で、今も目に焼きついて離れないものがあります。入学式を終えると、親は子を寮に置いて自宅に帰らなければなりません。別れのときはやはり、寂《さび》しいものです。あるとき、中１の女の子が、泣いて泣いて、帰ろうとするお父さんから離れられなくて、学園の玄関までついていってしまいました。玄関をお父さんが出るそのときに、「お父さん！」と泣いて呼びました。お父さんは一瞬《いっしゅん》立ちどまったかに見えましたが一度も振り返らずに、娘の顔を見ずにものすごい早足で去りバスに乗って、帰って行きました。きっと、振り返ったら娘がだめになってしまうと、心を鬼《おに》にしたのでしょう。いや、もし娘の顔を見て再び抱きしめてしまったら、きっとお父さんが泣いてしまうと思われたのでしよう。

本当は親が傍《そば》にいて、してあげたかったことを、私たちが代わりにさせていただいている。こういうお子さまをお預かりしていることを忘れてはいけないと、いつも肝《きも》に銘《めい》じています。

4. どうして那須の小規模学校から毎年、難関校合格者が出るのか

先輩たちから代々受け継《つ》がれる「学ぶ姿勢」

当校では毎年、生徒たちがかなりの合格実績を上げ、栃木県有数の進学校になりつつあります。

その理由はさまざまにあると思いますが、当校の特徴をよく表している文化が、学園内のいたるところで生徒が単語帳を開きながら歩いていることです。寮の廊《ろう》下《か》でも、カフェテリアで配膳《はいぜん》の列に並んでいるときも、授業の合間の移動教室でも、まるで二宮金次郎《にのみやきんじろう》のように、大川総裁がつくられた英語の単語帳をいつも読んでいるのです。(※)

私が赴任したときには既に、皆がそうしていました。「どうしてやってるの？」と聞くと、「先輩たちがやってるから」という答え。教員らが「やりなさい」と言ったことは一度もないそうです。

毎年、先輩の努力を見ながら次の受験生の代は、「次は自分たちの番だ。次の年も、先輩たちを超えるぞ」と言い合っています。こういった勉強のモチベーションも、10年間のなかで、先輩たちから受け継《つ》いできたものなのかなと思います。

※交通量のあるところで単語帳を読むと危ないため、真似をお勧めしているわけではありません。

「受験は団体戦だ」

受験勉強において、寮生活は大きな強みです。通学や塾《じゅく》に時間をとられることなく、その分を勉強に充《あ》てられます。

また、一緒に生活していると、やる気がなくなったり悩みがあったりしても、誰かが気づいてくれます。「あの子、最近調子が悪そうだよね」「何か悩みがあるのかな」とおせっかいを焼きにくる。だから、孤独のなか、時間を無駄《むだ》に過ごしてしまうということがありません。

受験では、「ほかの人が落ちれば自分が受かる確率が上がる」という考え方もありますが、

2015年1月。センター試験当日。生徒を応援するために旗を振って試験会場で待つ。

当校にはそういう文化はまったくありません。「それぞれの夢のために、みんなで絶対に合格しよう」と思いやりながら勉強しています。

その結果、もし志望校に受からなかったとしても、「あの子は、試験には落ちたかもしれないけど、これだけ努力していたからすごいよね」と、努力を褒《ほ》め合います。だから、頭が良い人を中心にしたカーストのようなものも全然ありません。あえて人気が高いタイプを挙《あ》げるなら、それは「頑張っている人」です。

センター試験直前の年末・年始を、寮で過ごす子も多くいます。カフェテリアを運営してくださっているハートフルキッチンさんが、年末・年始にもかかわらず、お蕎麦《そば》やお餅《もち》を出してくれることも。センター試験当日は、バスで一緒に試験会場へ向かいます。誰かがインフルエンザになったりすると大変ですから、全員が徹底して健康管理をし、規則正しい生活で気をつけ合います。

幸福の科学学園の受験は、「団体戦」なのです。

いつでもどこでもサポートしてもらえる

卒業生に尋《たず》ねると、「学校でも、自習室でも、寮でも、どこでも勉強を聞きに行くと教えてくれる先生がいる環境が良かった」と言ってくれる子もいます。寮と学校は同じ敷地《しきち》内にあり、生徒と教師の距離が常に近いのです。しかも、文字通り「何でも」教えてもらえます。物理の先生に古典を聞いても教えてもらえるし、寮職員に東大の過去問について質問に行っても答えてもらえます。(※)

受験サポート体制としては、「受験プロジェクト」というものがあり、受験専用の学習推進室に教員が数名います。志望校の相談や論文、面接の練習もできますし、勉強を教えてもらうこともできます。授業についていけなくて学校を休んでいる人も個別に勉強を教わることができる、実質「何でも部屋」です。(※)

学校が終わってから塾に行き、へとへとで帰って深夜に晩御飯を食べ宿題……なんていう不規則な生活をしなくても、しっかり勉強に時間を使って、集中でき

※幸福の科学学園の教員は毎年、センター試験と難関大学の過去問題のテストを義務づけられています。

※「学習室」「自修館」など、静かに自習できる環境も整っています。また、高校3年生は1人部屋になります。

る環境が整《ととの》っているのです。
英検などの資格試験のサポートが充実しているのも、前述した通りです。

5. 創造力・人間力の高い人材になれる秘密

オリジナル科目「探究創造」

幸福の科学学園の強い特徴として、オリジナルの科目「探究創造」があります。一対多で先生がレクチャーするかたちの授業ではなく、各人が興味のある分野《ぶんや》を研究していくものです。

中1は、「偉人教育」です。興味のある歴史上の偉人について調べます。英雄《えいゆう》らの生き方に触れ、理想の生き方を考えてもらうものです。

中2は、「愛国心教育」です。日本のすばらしさを学ぶことで健全《けんぜん》な自尊心《じそん》を身につけ、国際社会で活躍できる素地《そじ》をつくります。

中3は、「世界問題の解決」です。世界に目を向け、さまざまな問題について知り、解決法を探ることで、「世界のために自分は何ができるか」を考えるきっかけとします。

高校からは、クラス単位ではなく興味のあるテーマごとに分かれ、さらに深く宗教、政治《せいじ》、経営、語学、文学、美術、科学、物理、生物、天文・地学、数学など、それぞれの専門知識を深め、未来に視点を広げます。

研究を通して将来の夢を見つける子も大勢います。文学ゼミでの実践を通し小説家を志す子、理科ゼミで実験を通し、「宗教」と「科学」の融合《ゆうごう》を目指している子もいます。

地域の皆さんに愛される学園生

学期末や文化祭などの機会に研究内容を発表するのですが、ありがたいことに保護者だけでなく、那須町の教育関係の方々も多数来られ、ご観覧くださいます。毎回、生徒の渾身《こんしん》の発表に感涙《かんるい》される先生方もおり、一部の小中学校では、「探究創造科」に相当《そうとう》するような授業を始められたとお聞きしています。那須町教育長は、小中高生向けに「プレゼンフェスティバルＩＮ那須町」を創設され、本校の生徒たちも招《まね》いてくださいました。

研究発表会や文化祭で足を運んでくださる教育関係者や近隣の方は、生徒たちを本当にかわいがってくださいます。生徒が近隣の清掃《せいそう》をしたり、部活のランニングをしたりしているのを見かけると、とても温かい励ましの

那須町教育委員会の教育長・平久井好一さんと。

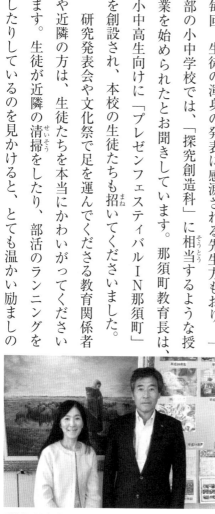

お言葉をかけてくださいます。

生徒たちは誰に対しても元気良く挨拶《あいさつ》をするので、ある方は、「あの挨拶を見るだけで、ここはいじめのない学校だって分かりますよ」と言ってくださいました。

特に、関西校が開校する前は反対運動もありましたが、いざ開校してみると、元気いっぱい挨拶する子どもたちを見て、「反対のぼり」はどんどんなくなっていきました。

子どもたちの礼儀正しさや笑顔は、宗教への偏見も、とっ払ってくれるんだなと感じます。

教育から「心」を失ってはいけない

こうした「創造性」や「人格力」をはぐくむ教育というのは、AIが進化した時代になっても絶対に遺《のこ》したいものです。マルクスの労働価値説では、〝誰が働いても同じ価値しか生まない〟ことになっていますが、「創造性」とは、その逆をいくものです。一人ひとりが、まだこの世にないアイデアを生み出し、付加価値をつけ、新しい価値を創造していくという力こそ、教育で身につけるべきものだと思います。特に、当校は宗教学校ですから、先立ってそうした人材を世に輩出することは一つのミッションだと考えています。

中学生にアンケートをとると、「小学校で『日本は悪いことをした国だ』と教わった」という子が大勢いました。少し前に、高校の歴史の教科書から「坂本龍《りょう》馬《ま》」や「吉田松陰《しょういん》」を削除する案も発表され話題になりましたが、こうした偉大な先人たちの活躍を子どもたちが学ぶ機会がなくなれば将来日本はどうなるのかと、強く疑問を感じます。実際、前述のアンケートでは、「(幸福の科学学園に来て日本のすばらしさを知り)スッキリした。こっちが本当だと感じた」と答えた子もいました。

健全な愛国心を養《やしな》ってこそ、自尊心を持てますし、「自分が将来、必要とされる人間になっていく」という自覚を持てます。

普通は、「志を立てる」といっても、どうやって立てたら良いのか分からない人が大半です。だから当校では、志の立て方を一人ひとりに指導し、中高の早いうちから「立志」の機会を数多くつくっています。

志の源《みなもと》には、「多くの方に与えられてきたから、自分も世の中にお返しをしたい」という「報恩《ほうおん》」の気持ちがあるものです。ただ、この「報恩」も、生まれつき身についているものではなく、学んでいくものです。

幸福の科学学園の生徒たちが、いつも感謝の言葉で溢れているのは、感謝を学んでいるからです。会ったこともない幸福の科学の信者さんが、自分たちの勉強や活動のために寄付《きふ》してくださったり、サポートしてくださったりしている。日々の探究創造科や宗教の授業で、そうしたことを具体的に学ぶなかで、「報恩」の思いが後天的に身についていきます。

それは、「もらう側の人生」から「与える側の人生」に、つまり幸福な人生を生きていく原動力にもなるのです。

ゼロから信仰を学べる

「もともと信仰心が篤《あつ》く、毎日、欠かさずお祈りする習慣がついていた」という子は、入学時点ではほとんどいません。幸福の科学の仏法真理塾サクセスNo.１に通っていたという子もいますが、やはり、「信仰生活」という意味では、ほぼゼロからのスタートです。先輩たちを見習いながら、毎日のサイクルに慣れていくところから始まります。

朝、起きると作務の時間、お祈りの時間があります。登校し、授業が始まる前には、創立者より賜《たまわ》った『幸福の科学学園生徒心得』（巻末に掲載）を全員で唱和《しょうわ》します。

また、学園では毎月「7」のつく日に「七の日感謝式」を開催し、そこで全員が、「祈願」を受けます。

祈願とは、感謝からの報恩を誓《ちか》い、心願《しんがん》の成就《じょうじゅ》を願う信仰行為です。自分の言葉で「祈願書」を書いて神仏《しんぶつ》へ御奉納《ごほうのう》するのですが、初めは、何を書いたら良いか分からないものです。週1回の宗教科では、そういうところから教わります。「感謝を忘れない」「報恩の思いを持つ」「精進の誓いをする」「結果は全託《ぜんたく》する」――そうしたことを教わるうちに、だんだんと、聖なるものを大切にする心、祈る姿勢が身についていきます。

大川総裁より賜った御法話の拝聴会も、随時《ずいじ》開催しています。「御生誕祭」「エル・カンターレ祭」という幸福の科学の二大祭典には、幸福の科学学園全体を挙げて、バスツアーで参加することもあります。

2019年末に、英語経文《きょうもん》「仏陀が説いた真理の言葉」"The True Words Spoken By Buddha"が下賜《かし》されました。幸福の科学学園では、生徒が主体となって運営する「信仰生活委員会」が自主企画し、生徒全員で揃ってエル・カンターレ祭本会場で、経文を拝受《はいじゅ》しました。

その後、中学の英語の授業を覗《のぞ》きに行くと、驚《おどろ》くべき光景を見ました。この英語経文をみんな、私がとてもついていけないような速度と、完璧《かんぺき》な発音でベラベラ読み上げるのです。子どもたちの吸収力のすごさに驚いて、私自身がこのままなら〝落ちこぼれてしまう〟と身を引き締めました。

「自制心」をどう身につけるか

中学・高校の時代に、スマホやゲームなどに時間を費《つい》やしていると、「精神力」や「意志の力」はどんどん失われていきます。「自制心」なども、教えてくれるところはあまりありません。

あるとき、「自分はどうしてもゲームをやりたい。ゲームができないなら死んだほうがましだ」と言う男の子が入学しました。ところが、入学後にはしっかりと勉強や読書に時間を割《さ》いていました。

入学したばかりの中1、高1の子たちが、それまでどれほどスマホやゲームに時間を使っていたかというのは、話をするとだいたい分かります。ほぼ全員が、そういう環境から来ています。

けれども、同学年の子たちがゲームやスマホで湯水《ゆみず》のように浪費《ろうひ》してしまう時間を、やはり、読書の時間、思索《しさく》する時間、法談《ほうだん》(※)する時間に使ってほしいのです。

身の周りの生活からも、自制心は学べます。家では洗濯や掃除《そうじ》などすべて親がやってくれていたでしょうが、寮生活では生活を親に任《まか》せ切りにすることはできません。ルームメイトがいれば、自分勝手にしてはいけない場面も出てくるでしょう。そういうなかで身についた「自制心」が、これからの人生でどれほど大きな財産になるかは、あとになるほど実感することと思います。

大人になってから信仰に出会うことも素敵《すてき》ですが、宗教教育は、絶対に、早ければ早いほど良いものです。なぜなら、精神性というものは、人間としての「土壌《どじょう》」にあたるものなので、自我が育ち、頭にいっぱい情報や知識が入ってから学ぶよりも、それを支える土台の部分、「基礎」に入っていると、とても良いからです。

※**法談**　心の修行をする仲間同士が、数人でグループをつくり、仏法真理に基づいて、自己の気づきや発見を語り合うこと。

6. 私が教育者になるまで

教育者への憧れ

個人的な話になって恐縮《きょうしゅく》ですが、私が幸福の科学学園那須本校の校長になるまでを、少し振り返ってみたいと思います。

今、思い返してみれば、小中学生の頃、自分の人生に影響を与えてくれたのは、学校の先生でした。

体育の授業で、跳《と》び箱の時間がありました。私はもともと、本番前になると考え過ぎて緊張《きんちょう》してしまうところがあり、そのときも緊張して、なかなか飛べませんでした。すると、先生が「あなたはとても本番に強い子だから。本番にはちゃんと力が出る」と声をかけてくださったのです。「先生が言うんだから、そうなのかも」と思い切って助走をつけ、飛んでみたら、なんと、一番高い跳び箱が飛べてしまったのです。思わず泣きながら、先生に「飛べました！」と言いに行ったのを覚えています。その後、先生の言った通り、本番に強い自分になれました。

あのとき、先生がどうしてそう言ってくれたのかは分かりませんが、私の〝何か〟を見て言ってくれた言葉であるのは確かです。「自分でも知らない強みを見て、大事なときに自分の力を引き上げてくれる」――学校の先生は、魔法《まほう》使いみたいだと思いました。

その後も、自分の強みを引き出して抜擢《ばってき》してくださる先生や、人生の理想像のようなすばらしい先生方とお会いすることができました。そのうちに、自分も、他人の人生に影響を与えられるような人になりたいと感じるようになりました。

大学の友人に、幸福の科学を教えてもらう

けれども高校に入ると、私は徐々《じょじょ》にふさぎ込むようになりました。小さい頃か

らスポーツ好きの明るい性格で、中学までは学級委員などもしていましたが、高校ではクラスで孤立《こりつ》し、人とあまり話さなくなっていったのです。「生きていて意味があるんだろうか」「死んだらどうなるのかな」ということをすごく悩み、学校の先生に疑問をぶつけてみました。しかし、誰も答えをくださいませんでした。今思えば、先生方も何と答えればよいか分からなかったのでしょう。

幸福の科学を知ったのは、大学生のときです。同じ寮に住んでいたSさんが、幸福の科学の書籍を貸してくれ、「一緒に大川隆法先生の講演会に行こう」と誘ってくれました。

当時の私は、ことあるごとに「宗教なんて大丈夫？　騙《だま》されているんじゃない？」と言い、講演会に誘われても断り続けていました。しかし、Sさんは、何度断っても誘ってきます。そしてあるとき、「ほかのことなら諦めるけれど、幸福の科学のことだけは、どんなことがあってもずーっとあなたに言うからね。諦めないからね」と宣言されたのです。おとなしいSさんが……とびっくりしながらも、彼女にこんなに芯《しん》が通るなんて、いったいどんな宗教なんだろうと思いました。

その宣言通り、何度断っても、喧嘩になっても、また、Sさんは次の日、普通の顔をして私を誘いに来ました。書籍の内容に惹《ひ》かれたこともあり、ついに粘《ねば》り負けて幸福の科学の学生部の集いに参加してみると、同じ20歳くらいの人たちが、「世の中を良くするためには」とか、「人を幸福にするためには」とか、そういうことばかり話しているのです。

「私は今まで、自分のことしか考えていなかったのに、こんな立派な人たちが本当にいるんだ。この人たちの末席《まっせき》でもいいから、自分も一緒に勉強させてもらいたい。自分も、世界のために生きるような人になりたい」と感じました。

そして、『太陽の法』（幸福の科学出版刊）を読んだときのことです。そこには、人生の目的と使命が、明確に書かれていました。「ああ、そうなのか！」。長年の疑問がみるみる解決していきました。「これで、錨《いかり》をおろして、安心できる場ができた。今まで波間に漂《ただよ》うような人間だったけど、もうゆらゆら揺れなくてもいいんだ」――そんな安心感を得て、すごくうれしかったのです。

そうして、私も幸福の科学のメンバーとなり、活動するようになりました。

大学4年生のとき、大川隆法総裁先生が東京大学五月祭・安田《やすだ》講堂《こうどう》前で御法話「黎明《れいめい》の時代」をお説きくださいました。

当時はまだ、学生部も組織化したばかりで、「黎明の時代」の看板《かんばん》も、自分たちでつくろうと私が書いたくらいです。写真や映像に今も残る下手くそな文字に、「もっとうまく書けばよかった」と恥《は》ずかしい限りですが、当時は手づくりの活動でした。しかし、学生の誰もが、熱い思いだけは心に燃やし続け

1991年5月26日御法話「黎明の時代」。『幸福の科学立宗30周年記念誌　地の果てまでも伝道せよ』より。

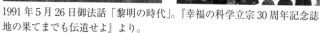

ていました。

バンドのライブの音も聞こえてくる、30度を超える猛暑日《もうしょび》。「大川隆法ってどんな人だ?」という好奇《こうき》の目にさらされながらも、大川総裁は晴れやかな表情でご登壇《とうだん》され、情熱《じょうねつ》的かつさわやかに、60分間、獅子吼《ししく》するように説法されました。

それが終わった瞬間、私は、「この教えに生涯ついていこう」と思いました。「警備もいないなか、命がけでここに立ってくださった総裁先生に報恩するためにも、自分も命がけで主に仕《つか》えよう」と、心からそう思いました。

「出家」への道

大学卒業後は、予備校に就職して仕事をしつつ、空いた時間に幸福の科学の伝道活動をしていました。

あるとき、幸福の科学の総合本部から電話がかかってきました。出家をしないかというお話です。

こんなにありがたい機会はないですから、お受けしなければと思いましたが、両親と祖母は大反対でした。「家族を不幸にするんだったら、それは幸福の科学ではなく、不幸の科学だ。出家なんて、自分勝手極《きわ》まりない」。そう言われると、「確かにそうかもしれない」と思いました。実家では祖母の介護《かいご》もしていましたが、それもできなくなってしまう。地元には、私が伝道して幸福の科学の信者になってくれて、これから一緒に勉強していこうという人たちもたくさんいます。

そのとき、一緒に活動していた青年部の人たちが家まで来ました。そして、「あとは私たちに任せて。あなたは、あなたの使命を果《は》たしてきなさい」とみんなで言ってくれたのです。そしてようやく出家を決意し、お許しいただきました。

両親にはもう会えないかもしれないと思い、「今までお世話になりました。ありがとうございました」と頭を下げました。20年以上も無償《むしょう》の愛を与えてくれた両親や祖母が「行かないで」と言っているのに、置いていく。愛している人たちを置いていくのだから、私は絶対に、この人たち以上に価値のある仕事をしよう。私が本当に命を捧げるものは、信仰だけにしようと決めました。そして、背中を押してくれた青年部の仲間たちの愛によって、代表で行かせていただくのだから、どんなことでもやり遂げないといけないと覚悟を決めたのです。

「リーダーとしての資質」を見た日

幸福の科学に奉職させていただいてからは、広報局、支部、精舎、人事局、学生部、エル・カンターレ信仰伝道局、出版局など、さまざまな部署を経験させていただきました。私は幸福の科学に１９９４年に奉職し、今年で27年目に入ります。20か所以上のさまざまな部署を経験させていただいたなかには、学生部という若者の活動を推進する役職に就《つ》いたこともあり、今の教育事業につながる経験でした。

普段は大学生を中心に活動しつつ、中高生の合宿も担当していました。特に、千葉で行う、年に一度の夏合宿は最大級の熱さで、大いに盛り上がる、全国の法《ほう》友《ゆう》たちと出会う場です。私は毎年、真っ黒に日焼けし、千葉で1か月、合宿ざんまいの日々を送っていました。

中高生合宿には、大川総裁のお子さまたちも参加していました。忘れられないのが、長女の咲也加《さやか》さん（現在、副理事長）が参加されたときのことです。合宿では、幸福の科学の宗教施設に数人が同室で宿泊します。咲也加副理事長は、自分の支度《したく》ができても、同室の子の準備ができるまで必ず待ってあげていました。

また、ある合宿では、友達が「持ち物が見つからない」と言うと、一緒に探し、励ましてあげていました。

大学生になると、大川総裁の講演会へのお誘いを学生部拠点で行います。咲也加副理事長もその場に来られ、高校時代や大学の友人に電話していました。良い返事がもらえないと、学生部のメンバーに「どう話したら良いでしょうか？」と相談し、さらにチャレンジしていました。また、同級生がお誘いに成功《せいこう》すると、祝福して一緒に喜んでいた姿が忘れられません。ほかの学生部員と変わらない地道な努力と、成功した方から学ぼうとする謙虚《けんきょ》さ、本当に立派な方だと思いました。

あの頃、中学生だった咲也加副理事長も、ご結婚、出産され、母となり、御主人の大川直樹常務理事とともに、2019年9月、那須本校の文化祭にお越しくださいました。廊下や教室の展示で出会う生徒たちに気さくに声をかけ、生徒と一緒に心から笑っていらっしゃいました。そのお姿に、中学生の頃から変わらない、大き

大川咲也加副理事長（中）、大川直樹常務理事（左）が那須本校の文化祭「大鷲祭」をご視察された様子。

な愛を感じました。

体育館では、チアダンス部の演技をご覧いただきたく、最初、真ん中の一番前に席を用意しようとしましたが、「保護者や、チアダンスファンの方々もいらっしゃいますから」と、前方であっても一番端の席に座られました。

席につかれると、観客から自然に、「咲也加さん、お帰りなさい！」と声が上がりました。ご結婚、出産を経て、幸福の科学学園に来てくださったことを皆さんが喜び、感激していることがよく分かりました。

「魂《たましい》の変化」こそ教育者の醍醐味《だいごみ》

２０１２年７月、幸福の科学学園に宗教教育担当として赴任しました。そして２０１９年４月、幸福の科学学園那須本校の校長を拝命してからは、「これからもずっと、教育の仕事をさせていただきたい」と強く思うようになりました。

教育者の醍醐味《だいごみ》はなんといっても、やっぱり子どもたちが変わっていくのを間近《まじか》で見られることです。「教育には魔法のような力がある」と大川総裁もおっしゃっていますが、私自身のつたない経験でも、子どもの頃に「学校の先生は魔法使いだな」と思ったくらい、教育にはやはり、人を変える力があるのです。

そしてこの幸福の科学学園では、主エル・カンターレの教育理念を体現し、聖なる使命を宿《やど》した教職員が子どもたちに接することによって、本当に、子どもたちがどんどん変わっていきます。

たとえば先日、こんなことがありました。生徒たちとエル・カンターレ祭の大川総裁の御法話の本会場に参加したあと、私も生徒と一緒のバスに乗りました。帰りのバスのなかで生徒たちが気づきを発表して、法談をしながら帰ってきました。私も高校3年の女子生徒と法談したのですが、女子寮に帰ってきてからも夜《よ》通《どお》し話は尽きません。

そのときに、しみじみと「幸せだな」と思ったのです。この子たちが入学してきたときは、まだ小学校を出たばかりの子どもで、大き過ぎる制服に着られていました。なかなか会話も続かず、深いコミュニケーションはまだできませんでした。あれから5年以上が経って高校3年生になり、ほとんど大人と同じように御法話を拝聴した喜びを共有し、ともに尽きない話をしている……。これぞ教職員冥利《みょうり》につきる、幸せでたまらない瞬間でした。

どんなに激務でも、この至福の喜びがあり、この魂《たましい》の変化を楽しみにできる。こんな職業というのは、教育以外にないのではないかと思います。信仰や仏法真理の力によって変化していく子どもたちを見るのが、何よりうれしいです。だから、ハッピー・サイエンス・アカデミーを世界中に広げていきたい、それこそが自分の役割なのではないかと感じています。

教育者はAIにとって替わられる？

幸福の科学が教育事業に着手《ちゃくしゅ》した直接のきっかけは、いじめ問題でした。大川総裁の三男《さんなん》の裕太さんが白金《しろかね》の公立小学校でいじめを受け、PTSD（※）になったことが発覚したことを契機に、教育現場で深刻化していたいじめ問題に、幸福の科学としてもとり組むようになったのです。

東京の白金という、親の社会的地位《ちい》が高いような地域でそういうことが現実に行われているというのは驚《おどろ》きでした。

また、子どもだけではなく、指導する側の先生方が、いじめを放置している現状もありました。「被害者も加害者も大事だから」と言って対応せず、善悪をはっきりさせないという隠ぺい体質がはびこっていたのです。「いじめは悪いこと。悪いことをしたら叱られるし、謝らなければならない」という当然のことを〝教えてはいけない〟と先生方は教わっていたようですし、何より、何が正しいのか先

※PTSD　衝撃的な出来事が原因の心的外傷後ストレス障害。

生自身が分からないように見えました。

けれども、教師というのは聖職者であり、使命感がなければやれるものではありません。最近では、「ＡＩ時代になったら、機械がその子に合ったレベルで教えるから先生はもう要らなくなる」という話題もありますが、学校は勉強だけを教える場所ではないはずです。機械には心が分かりませんが、私たち教育者一人ひとりが、子どもたち一人ひとりの仏性《ぶっしょう》（※）を見つめるからこそ、成長の可能性を信じられるのです。英語や数学などの実学《じつがく》ももちろん教えますが、それを通して、子どもたちが本来持っている「天使の力」を引き出して差し上げるのが本来の教育者だと思うのです。

それには、後ろ姿で人生を教えることもあれば、情熱や、学ぶことのすばらしさを示す必要もあります。それは、機械にはできないことだと思います。

※仏性　すべての人、あらゆる生命に宿っている「仏の子」としての性質、仏の光のエネルギー。

〝抜け殻《がら》〟の教育で満足していてはいけない

やはり、根本に立ち返って「学問とは何であるか」を考えるべきだと思うのです。もともと、すべての学問は、宗教から派生《はせい》してきたものです。その核の部分を教えずに、外側の〝学問〟だけを教えるなら、それは、〝抜け殻《がら》〟を教えていることになります。これが、戦後教育に欠けている部分です。〝抜け殻〟の学問では、国家の危機に対応する踏ん張りが効かないでしょうし、経済《けいざい》が停滞《ていたい》して20年経っても30年経っても成長できないで衰退《すいたい》の道から抜け出せないでしょう。

その「中核」こそが、宗教的《しゅうきょうてき》真理です。実学などもありますが、すべての上位《じょうい》概念《がいねん》に、「魂の平静《へいせい》」とか「霊的人生観」という「宗教的真理」があるはずです。だから、現代こそ、「教育と宗教の融合」を果たさなければなりません。

学問の核である宗教的真理、普遍的真理をしっかり教えられればこそ、大人になって力強く生きていく力が湧《わ》いてきますし、国を背負い、未来を導くリーダーになっていけるでしょう。特に幸福の科学で教えられている「仏法真理」は、科学も融合した最先端の教えであり、この世だけでなく、死んだあとも幸せになれる教えです。

日本の公教育には宗教を排除する流れがありますが、公教育こそ、宗教教育をやらなければいけないと思います。

宗教教育は「創造性」や「起業家精神」も養います。幸福の科学学園の卒業生は近い将来、国家の繁栄を担《にな》うようになるはずです。なぜなら、創造性の源には、人々への愛の思いがあるからです。

その意味で、新しい価値を生み出す可能性があるのは、「宗教」なのです。私たちは、宗教教育によって人間として核がしっかりした人材を輩出することで、その必要性を実証して、弘めていくつもりです。「その木が良い木か悪い木かは、その果実を見て判断される」という言葉もありますが、幸福の科学学園卒業生という「果実」を見て、多くの学校で真似《まね》していただけるようになっていきたいです。

「教育革命」は国としての「高貴なる義務」を果たすことにつながる

日本の未来を考えるならば、教育革命が必要不可欠です。宗教という背骨を一本、きちんと教育界に立てることです。教育者も皆、知っているはずです。神仏を真っ向から否定するような人は、世界の多数派ではなく、世界の多数は信仰を肯定する人たちでできあがっています。

たとえば、教育者の考え方の軸に、日本人ならば仏教の言葉として知られている「縁起《えんぎ》の理法《りほう》」を置くのです。

「努力は必ず実を結ぶ」という教えは、人間性を向上させるとして比較的日本人にはなじみが深い言葉です。

もう現在では、ゆとり教育を推奨する方は少ないと思いますが、私が思う、教育革命の出発点は、運命論ではなく、コツコツと努力に努力を重ねて、精進によって自己を変えていく、というセルフヘルプの精神が根底にあります。「地獄への道は善意で舗装《ほそう》されている」ということわざ通り、楽な道へと若者たちを誘導してはならない、と私は思います。

そして、釈尊が言った「縁起の理法」の本当の意味は、この世限りではなく、死んだ後の世界、来世まで含んだ「縁起の理法」です。もし、「死んでしまえば何もかもが終わり」ならば、「今を楽しみ、謳歌《おうか》しなければ損」と考える人に真っ向から否定できません。また、この世限りで見たならば、努力が報われていない社会があるように見えることもあります。しかし、真実は、永遠の生命を貫く「縁起の理法」にあります。努力は決して無駄になることはなく、法則が外れることもありません。

また、「縁起の理法」は、「愛の思想」にもつながります。地球人口が80億にならんとするなかで、同じ時代、同じ国、同じ地域、同じ学校で出会った方々に偶然はなく、縁の法則ですべてつながっています。過去世も、さまざまな時代を共に生き、生徒も教師も全員が、天国から生まれ変わってきた尊い存在です。親子も、クラスメイトも、皆、仏性を持ち、お互いが、カルマや人生の問題集を解きながら、魂修行を続けている、愛すべき縁ある存在です。

今こそ、「神の目を意識した教育」を日本で始めたい。いじめや、家庭崩壊、学級崩壊の根本解決もここにあります。「拠《よ》って立つところ」「お互いの争いを超えて尊敬できるもの」を上に頂き、この世の利害調整だけで終わらせないことです。この教育革命が成就したなら、教育者は、心の底から自信を持ち、ゆるぎない信念で、「生きる意味」「勉強する意味」さらには、「社会に出て活躍する意味」を子どもたちに堂々と教えることができるでしょう。その教師の後ろ姿を見て、子どもたちは「善なる方向」に歩み始めるのです。

教育力によって成長してきたこの国がなぜ、ある時期から長い停滞に入り、迷い続けたのか。ここに、圧倒的に必要だったのに現在の学校教育で教えてこなかった「宗教的真理」の必要性があります。「真理」中心の学問こそ、新時代の学校の姿であり、曲がり角に立った日本を救う教育の姿です。幸福の科学の宗教的真理は、お釈迦様やイエス様が説いた「愛」や「反省」といった普遍的な個人の心の教えはもちろん、同時に「知」や「発展」に対して開放的です。現代社会の闇《やみ》や悩みに答えつつ、新しい社会を創る高等宗教、未来型宗教としての学びがたくさんあります。

今、ここで目指すべき方向をもう一度、打ち出せれば、国力は再び高まり、やがて、日本の助けを必要とする国々にも手を差し伸べ、他国の平和にも貢献できるようになります。結局、「教育革命への挑戦」は、個人としてだけでなく、国としての「高貴なる義務」を果たすことにつながっていきます。

一番自分らしくいられる幸福の科学学園へ来てほしい

幸福の科学学園への入学を考えている方には、幸福の科学学園は、自分の本当の長所や強みが浮き彫《ぼ》りになってくるところだとまず、伝えたいです。「自分が一番自分らしくいられる場所」なのです。入学前には知らなかった自分の姿が出てきます。

個性の違いを笑ったりおかしがったりする人はいません。私たちは、一人ひとり、神様からいただいた仏性があると教えられているので、違いを違いとして認め、尊重《そんちょう》し合っているからです。

また、夢や将来を語り合うということも、なかなかほかの学校ではないことだと思います。友人と夢を語り合うなかで、刺激を受け、将来の道が決まってくることもありますし、そうした夢を育てていくプログラムがたくさんあります。

ですから、家族と離れる不安などを乗り越えて、ぜひ安心して入学してきてほしいです。

エトセトラ＃1

「自分に関心を持って」

担任も部活もしていない私は、生徒にどうやって深く接するか、いつも考えています。面談をした子、女子寮のマイルームに近い高3生たちとは近くなりますが、もっと子どもたちに踏み込んでいきたいのです。

まずは、「話しかけるのは私から」が大前提です。子どもたちから私に話しかけるのを待っていたのではだめです。**そして、挨拶プラスアルファを心がけるようにしています。**朝は、「おはようございます」。授業の休み時間は、「こんにちは」。放課後の寮では、「こんばんは」。私も大きな声で、口角《こうかく》を上げながら挨拶します。そして、その挨拶のあとが勝負（？）だと思っています。「試合、勝ったね。すごいじゃん」とか、「文化祭の劇、シナリオが面白かった」とか、「英検合格、おめでとう」など、その子にしかない声をかけます。

それには、**誰がどんなことをしたか、記憶しなくてはいけません。**もちろん、記憶違いを何度もし、今でも、「それ、僕じゃない、他の人ですよ」と言われて冷や汗をかくこともあります。しかし、一度間違えると、その子のことは忘れません。

ある日曜日、那須塩原駅で男子中学生の集団を見つけました。見たことのある顔のようだし、日曜日だって、声をかけるのは私からでなくちゃいけない。すぐに近づき、

「みんな、どこいくの？　買い物？」と、テンション高く話しかけました。するとみんなが私の顔を数秒間、じろじろっと見たあと、全員が無視……。くるりと踵《きびす》を返して、行ってしまいました。「誰、あのおばさん」と、男子の声が……。違う学校の生徒だったのですね。

エトセトラ＃2
「子どもであって、子どもでない、でも子ども」

数年前、関西校の全校生徒で、宗教研修をしました。一番前に、やんちゃな男子が座っていました。隣の子とおしゃべりをしますし、私の話がつまらないと寝てしまいます。私も飽きさせないよう、工夫します。

研修も佳境に入り、瞑想《めいそう》実習です。隣の子としゃべっていた男子生徒が、「瞑想」と言ったとたん、真剣な表情をしました。幸福の科学では、**たとえ子どもであっても「人間を一人の魂」として見ます。**私が瞑想実習を好きな理由は、生徒たちの魂の片鱗《へんりん》が見えるからです。学園生は、瞑想がとても上手です。頭で分かっているというより、魂の素質としか言いようがありません。やんちゃな男の子も瞑想中は、ほかの生徒と同様に「天上界と同通している」と分かりました。そのあと「体が温かくなった。光が降りてきた」と感想も言ってくれました。

子どもたちは純粋ですから、生まれてく

る前の世界をありありと見てくる子もいて、その様子を語ってくれます。「肉体は子どもでも、子どもではないのだ。一人の仏弟子、すっごい光の天使なんだ」と実感し、生徒が大人に見えました。

研修が終了し、「これで終わります」と私が発声したと同時に、ちょうど4限終了のチャイムが鳴りました。まだチャイムの途中なのに、男子生徒は勢いよく、いすから離れ出て行ってしまいました。その際、私の顔をちらっと見て、「おなかすいた」とつぶやきました。そう、お昼の時間だったのです。子どもらしい姿に、何だかほっとしました。

エトセトラ#3

「小さなからだに、大きな試練を背負って」

学園生を見ていると、「試練の前倒し」現象が起きていると感じます。私の世代なら、30代くらいで初めてぶち当たりそうな、仕事レベルの困難、人間関係や家族問題などを、中高生の年齢《ねんれい》で経験するのです。幸福の科学では、**「神はその人が背負えない試練は与えない」**と教えていただいています。大人のような試練が中学生でやってきても、必ず意味があり、乗り越えてさらにその先にいくのです。

そう、これは、学園生の使命の大きさを物語っています。「かわいそう」と避《さ》けて通らせば良いものではなく、直視しなくてはなりません。何かあったら、傍にいることは伝え、生徒は自分の力で、乗り越えていく。一歩一歩、大人になっていく姿に、何度、勇気をもらったことでしょう。

数年前に、「親子関係について」という研修をしました。お母さん、または、お父さんについて考えてみました。最後に、親にメッセージを書きました。ある男子生徒の紙には、「お母さんのごはんが食べたい」とだけ、書いてありました。お母さんが亡くなったばかりだったのです。当時、彼はまだ中学1年生。その文字を思い出すと、今でも泣けてきます。悲しみを乗り越えて、前を向いて生きています。

「試練の前倒し」のなかでも、忘れられない生徒がいます。中学から入学した、元気いっぱいの女子です。誰からも好かれる明るく友達思いの生徒です。

高校1年生の夏。しばらく体の不調が続き、おかしい、と病院に行ったら、いきなり大きな病院を紹介され、そのまま入院。「ずっと、注射を打つことになるかもしれない」。そう医師に告げられたとき、恐怖や孤独、受け入れがたい思いに彼女は泣きました。生活は一変します。体調管理、決められた時間に注射を打つ、運動の制限や食事管理など。生活習慣ではなく、突然の発病は、15歳の子どもが抱える試練としては大き過ぎます。

しかし、まず、お母さんが立派でした。広島の実家から那須に飛んできて、病院でわが子を励まします。私がお母さんと会ったとき、「この試練にも、何か意味があると思います」と、苦難にも天意を読みとろうとする信仰心に胸を打たれました。その後もどんなときにお会いしても笑顔で、明るいオーラ全開です。もし私に子どもがいたら、わが子の苦しみに耐えられず、きっととり乱していたと思います。しかし、お母さんは、その後も「凛《りん》」とした姿です。

しばらくすると、お母さんの信仰心と愛の思いに呼応するように、生徒は、病気を受け入れ、立ち上がりました。高1の3月、アメリカ語学研修がありますが、他の生徒と一緒に元気にホームステイに参加し、高2では、女子の寮長に立候補、みごと当選し、寮長としてリーダーシップを発揮しました。そして、2017年春、那須本校を卒業しました。

エトセトラ#4
「友達を、祝福しよう」

経典《きょうてん》『真のエリートを目指して』（幸福の科学出版刊）には、**「嫉妬《しっと》心に打ち克つことが、修行の第一歩でもある」**と書かれています。

東大の合格発表の日。関西校で同じ東大を目指していた二人のうち、一人が合格、一人が不合格という結果でした。合格者が、職員室に報告に来ると、教職員から大きな拍手が起こり、「おめでとう！」「おめでとう！」と祝福します。ふと後ろを見ると、不合格の子が、同じように拍手し、「おめでとう」と祝福しているではありませんか。合格した子も、それを祝福できる子も、二人ともなんて美しい姿でしょう。私も、泣きたいほど悔しいとき、人に嫉妬したくなるとき、この子のような祝福の心を持ちたい、と思います。

日々、元気でエネルギッシュな生徒たちから、たくさんの刺激を受けますが、何気《なにげ》ない会話のなかにキラキラした「魂の輝き」を見つけたときは、抱きしめたくなるほど愛《いと》おしいです。那須本校でのある日、男子生徒が、こう言ってきました。「チア部は、学園を代表して戦ってくれたのだから、僕たちもみんなでお迎えをしたい」。この日は、ロサンゼルス国際大会で中学生優勝、高校生準優勝という快挙を成し遂げたチアダンス部の帰寮日でした。「よし、みんなで祝おう！」。

いよいよ夜9時過ぎ、充実感で満ちたチア部メンバーたちが帰ってきました。既に準備をしていた女子生徒たちが出迎え、花道をつくり、泣いて抱き合って友達を祝福しています。カフェテリアでは、中学生から高校生までの男子生徒が集まり、割れんばかりの拍手をしていました。隣では顧問《こもん》の胴上げが始まります。鳴りやまない「おめでとう！」の声。友達を称える一人ひとりの心は、嘘偽りのない、金メダル級の輝きです。

「ああ、本当に学園生全員で戦って勝ったんだ」と思いました。この子たちは「自分の喜びはみんなの喜び」「みんなの成功は自分の成功」ということを心底知っているのです。

今、特に都市部では、塾に通い名門大学に進む子たちもいますが、偏差値が上がれば上がるほど、競争も激しく個人主義、自己中心主義になりがちだといいます。幸福の科学学園も進学校です。勉強も部活もしっかりやる。全校生徒５００人弱の那須本校では公式試合において、県内で勝てない部活もあります。嫉妬心や妬み心が出ることもあるかもしれません。しかし、それ以上に仲間の努力を心から尊敬し、「よし自分も頑張るぞ！」とエネルギーに変えられる子どもたちのパワー。卒業しても、きっと、励まし合い、力を合わせて「どでかい仕事」をしていくのでしょう。

エトセトラ＃５
「今こそ感謝しよう」

経典『太陽の法』には、「**苦悩や悲しみがあるということは、私たち人間に、選択をせまっているのです。選択とは、何か。つまり、私たち一人ひとりが、与える側の人生を選ぶか、与えられる側の人生を選ぶか。その選択です**」と書かれています。

2014年10月29日は、生涯忘れることはできないでしょう。その日、私は生徒たちに「幸福の科学大学の不認可」を伝えなければいけなかったのです。

那須本校の高3生の多くは、幸福の科学大学を第一志望にしていました。しかし、残念ながら開学の認可が下りなかったのです。女子寮に帰ると、部屋から泣き声が聞こえてきます。私にできることは一緒に泣くことだけ。目を腫《は》らした女子がベッドで泣いていて私も一緒に泣く、というふうに。

そんななか、「夜の祈り」を記念講堂で終えた高3生から、信じられない言葉を聞きました。「建物を建ててくださった建設会社の方々、そして信者さんたちに、『自分たちは元気です。もう次の目標に向けて頑張りますから』というメッセージを伝えたいので、ビデオで撮ってください」と言うのです。私は驚きながらビデオ撮影に臨《のぞ》みました。高3生たちから出てくる言葉は、ほんの数時間前、夢の一つが絶たれた子どもたちとは思えない「光の言葉」でした。逆境のなかで与える愛を実践する、天使の姿そのものでした。

ああ、信仰はここまで人間を強くするのか、と圧倒されました。このときほど生徒の底力を感じた瞬間はありません。今でも私は自分に負けそうになると、このときのビデオを見返し、奮起します。どんな苦難があっても与える側に立ちたい。

第2章

校長対談　冨岡《とみおか》無空《むくう》×竜《たつ》の口《くち》法子《のりこ》

対談者　幸福の科学学園関西中学校・高等学校校長　冨岡無空
幸福の科学学園中学校・高等学校校長　竜の口法子

1.「医学」と「経営」が特徴の幸福の科学学園関西校

全国の子どもたちのために

竜の口法子（以下、竜の口）　幸福の科学学園には、那須本校と関西校がありま す。本日は、関西校の校長である冨岡無空さんに、関西校の特徴や実績、これか らの展望などをうかがいたいと思います。

よろしくお願いします。

冨岡無空（以下、冨岡）　よろしくお願いします。

竜の口　初めに、関西校が開校した意味について教えてください。

冨岡　開校前に、大川隆法総裁先生から「幸福の科学学園関西校設立祈念・植福修行祈願」という経文《きょうもん》を賜《たまわ》りました。そのなかに、「那須本校に続いて、矢継《やつ》ぎ早《ばや》に、関西校の設立を目指されるお志《こころざし》は、日本全国の子供《こども》たちへの、限りない愛と使命感に燃えておられるからでしょう」というお言葉があります。「日本全国の子供たちへの」というお言葉にあるように、愛と使命感から「関東だけではなく関西にも開校したい」という大川総裁の思いが伝わってきます。

竜の口　もともと那須本校の開学の背景には、２００７年にいじめ問題が社会問題として大きくなってきたということがありました。

冨岡　そうですね。そういう意味では、やはり、全国の子どもたちを救いたいという大川総裁の限りない愛で、関西校の開学をお許しいただいたと思っています。「那須本校と関西校で教育改革をしていきなさい。そして新文明の発信基地である幸福の科学大学を支えていきなさい」というミッションがあると思います。

関西校の特徴

竜の口　関西校の特徴はどういうところにあるのでしょうか。

冨岡　那須本校に「仏教的な色彩」があるとすれば、関西校には、発展《はってん》・繁栄の神「ヘルメス神的な色彩（※）」が強く表れています。それは何かというと、一つ目に「医学系に力を入れている」という点があり、二つ目として「経営系に力を入れている」という点があります。

竜の口　国公立の医学部医学科の合格者を2年連続で輩出《はいしゅつ》されていますよね。今、医学部に入ること自体が難関ですが、さらに「国公立大学の医学科」となると、

※**ヘルメス**　4300年前にギリシャに実在した王。国王として国を治めると共に宗教家として「愛」と「発展」の教えを説き、全ギリシャに繁栄をもたらし、西洋文明の源流となった。エル・カンターレの分身の一人。

難易度はかなり高くなります。どのような対策を立てているのですか。

冨岡　たとえば、２０１８年度に合格したＮくんは、初めは勉強よりもサッカーに夢中になっていたので正直、「これは大丈夫か」と思っていました。しかし、大川総裁が関西校にご視察に来られたときに、「関西校を卒業して医者になった子が、幸福の科学大学に医学部を開設する際に力になるかもしれないよ」という旨のお言葉をいただいたんです。Ｎくんはそれを聞いてスイッチが入ったのではないかと思います。「幸福の科学大学に医学部をつくる使命を果《は》たしたい」という決意が固まったのだと思います。

もちろん、教員で受験プロジェクトチームを組んで教える体制を整《ととの》えていますが、やはり、最後は生徒一人ひとりの志の力が大きいと思います。那須本校でも同じことを感じられていると思いますが、「志」や「聖なるミッション」の部分は、宗教学校でこそ教えられるものです。

竜の口　私もそれは実感しています。経営者の養成《ようせい》については、どのような施策《せさく》がありますか。

冨岡　まず、「探究創造科」での体験型学習が大きいですね。

関西校は京都や奈良、大阪が近いので、校外学習がしやすい環境にあります。たとえば、日本の伝統文化である和菓子や西陣織《にしじんおり》、焼物《やきもの》などを扱っている京都の企業などを訪問して起業家体験をしたり、経営の神様と言われる松下幸之助の起業家ミュージアムなどに体験学習を組んだりしています。その上で商品開発の発表をしてもらいます。

また、図書館にもマネジメントの父・ドラッカーや伝説の経営コンサルタント・一倉定《さだむ》の書籍などは揃《そろ》えていますし、経営者の方をお呼びしてお話をしていただく機会もつくっています。

経営者の方に経営者教育についてうかがうと、具体的なことよりも、「マインド面」であったり、「帝王学」を教えてほしいといった声が多いですね。

竜の口　これからＡＩ時代に突入していくわけですが、大川総裁が警鐘《けいしょう》を鳴らしているように、やはりＡＩにはない創造性や起業家精神といったものがこれからの時代は生き筋《すじ》になってきますよね。

冨岡　創造性の源《みなもと》・心を扱う宗教と、経営の融合《ゆうごう》のなかに未来《みらい》型教育があると思います。これは医学の面でも同じです。心身両面から病気を治せる医者が必要になってきます。ですから、医学においても宗教との融合が大切になってくると思います。

2. 宗教教育の大切さ

いじめ問題解決の鍵

竜の口　これからの教育にはやはり、「宗教教育」が鍵になってくると思いますが、関西校の宗教教育で感じたことなどありますか。

冨岡　幸福の科学の信者ではないのですが、以前、京都のキリスト教系の高校の先生とお話しする機会がありました。その方は那須本校を見学されたことがある方でした。「那須本校を見学してどうでしたか」と聞いたら、「生徒の目が澄《す》んでいて、キラキラと輝いていた。しかも、全員がそうだった。どうしたら生徒がそういうふうになるんですか」と聞かれたんですね。そこで、「宗教教育はどのようにされていますか」と聞いてみると、その先生は「えっ?」という反応でした。宗教教育がそのような生徒をつくり出していく力であることをご存知でなかったようなのです。

けれども、やはり宗教教育は、「神仏《しんぶつ》の子である自分」を知り、個性というものを最大限に開花させていくためにとても大切だと思います。

竜の口　宗教教育は、人間が、生きていく上で子どもの頃から欠かせない大切な教育ですが、特に現代ですと、いじめ問題解決の鍵でもありますよね。

冨岡　そうですね。宗教教育とは「神仏の眼を意識して生きる」「地上での自分の心と行いが死後、天国・地獄を決める」と教えることが中心にあります。そうすることで、「いじめは悪である」など、善悪の基準が明確になり、「悪を捨て、善をとる」という方向に自分を律していくことができるようになるんですね。

ほかの私立高校の校長から「宗教系の学校はうらやましい。私たちには生徒を指導する言葉がない」と言われたこともあります。

幸福の科学学園には大川総裁より『幸福の科学学園生徒心得』を賜っていますので、これが生徒指導の北極星として教員の明確な指針にもなっています。

竜の口　私も、公立学校の先生方が、いじめ対策に一生懸命とり組まれていることを知っているのですが、なかなかその辺が報《むく》われていないように見えます。やはり、真理による善悪の基準がないため、非常に苦労されている印象を受けます。

冨岡　そうですね。よく、「公立校で宗教教育をしてはいけないし、できない」と言われるのですが、厳密にはそうではないようです。宗教教育は「宗教知識教育」「宗教情操《じょうそう》教育」「宗派教育」の三つに分類されますが、「『宗派教育』はできないが、公立学校でも『宗教知識教育』『宗教情操教育』は許されている」と主張する学者もいます。ほかの学校にも宗教教育の大切さを正しくご理解いただくことで、いじめはなくなっていくと思います。

竜の口　また、宗教教育は自殺の防止にもつながりますよね。

冨岡　幸福の科学では「自殺者は天国に還《かえ》れない」と明確に説かれていますからね。この一行の真理を知っているだけでも自殺は思いとどまるようになると思います。

受験勉強のなかにも宗教教育が生きてくる

竜の口　関西校では宗教教育をどのように行っていますか。

冨岡　まず、授業として「宗教」の時間があります。これは、教員が一方的に話すのではなく2ウェイで行うように心がけています。生徒同士でディスカッションをし、そこに私やほかの教員が入って議論することもあります。

思春期《ししゅんき》という多感な時期なので、人間関係などのいろいろな悩みも持っていますが、それ自体が生きた題材です。一人ひとりの悩みについてどう考えていくかということにも、とり組んでいますね。

ただ、そういう決まった時間だけが宗教教育ではなくて、それ以外のすべての時間も、ある意味で宗教教育だと私は思っています。特に、寮生活での、信仰生活の実践は大きいですね。

それ以外にも、たとえば、夏や冬には大学受験合宿を行っています。そこでは、お祈りしてから勉強し、一日の終わりには受験勉強を通じて自分の心を見つめ、得た気づきなどをノートに書いてもらいます。そうすると、入試本番に近づくにつれて、生徒から感謝の言葉が出てくるようになるんですね。

ある生徒は、次のように書いていました。「受験という舞台も自分の魂《たましい》を磨く修行場として与えられた。単なる受験生ではなくて主に愛される受験生になりたい」。

受験勉強自体はほかの学校でも同じようにやっているでしょう。しかし、そこへさらに、大きな志をもって神様から与えられたものに感謝し、その報恩《ほうおん》として勉強していくことで、勉強自体が心を深めて人間的に成長していく機会になるというのが幸福の科学学園の考え方なんですね。

竜の口　受験勉強の時期は、自分自身の合格に向けて集中するので、どうしても利己主義的になりがちです。しかし、宗教教育をすると、逆に神様やお世話になった人たちへの感謝が高まってきますよね。そのように与えられて育ったから今度は、お返しの人生として「高貴《こうき》なる義務《ぎむ》を果たしていくんだ」という人材が出てきます。やはり「高貴なる義務を果たしていく」人材を育てていくことこそ教育なのだということを幸福の科学学園から示していきたいですね。

冨岡　そうですね。そして「高貴なる義務」のもとにはやはり、信仰があります。

信仰がなく「この世がすべてだ」と思えば、利己主義から抜けられません。神様が存在し、天国・地獄があると信じるからこそ、人が見ていようといまいと正しい生き方を求めるようになります。

竜の口　宗教教育の深まりという意味では、幸福の科学の二大祭典である「御生誕祭」と「エル・カンターレ祭」で行われる大川総裁の大講演会に、バスツアーを組んで参加していることも大きいですね。

冨岡　そうですね。大川総裁の直説金口《じきせつこんく》の説法が最大の宗教教育です。みんな、御法話を拝聴し、感激して帰ってきますね。生徒たちの心境がとても高まっているのを感じます。

3. 地域にも受け入れられている関西校

竜の口　世間ではまだ、宗教教育の重要性に気づけていないのではないかと感じることもあります。

関西校が開学して7年が経《た》ちますが、初めは地域で反対している方もいたと聞いていますが、その後、地域との交流はいかがですか。

冨岡　びわ湖《こ》放送に「キラりん滋賀」というテレビ番組があるのですが、ありがたくも出演のお誘いをいただきましたので、2019年の11月に取材をお受けしました。そういう意味では、地元のメディア関係の方は信頼してくださっていると思います。今でもその番組は関西校のホームページで観ることができます。

竜の口　開校の際は、県知事からも祝福の電報《でんぽう》をいただきましたよね。

冨岡　認可前に役所の方からは「宗教科の時間はどのようなことをするのですか」と聞かれて、那須本校の教科書を提出しました。すると、「愛に段階があるとはどういうことですか」「一神教について幸福の科学はどのように考えているのですか」など、とても興味を持って聞いてくださり、その後は新しい学校に期待してくださるような感じを受けました。

「教育レベルを上げたいという思いは同じだな。期待してくださっているのだな」と感じています。

竜の口　これからもそうしたご期待に応《こた》えていきたいですね。

近隣《きんりん》にお住まいの方々の反応はどうでしたか。

冨岡　実を言うと、初めは「ストップ幸福の科学学園」というのぼりを立てていた近隣の方もいましたが、今ではそうしたものは、まったくなくなりましたね。

先ほど話題に出た「校外学習」で、受け入れてくださっている京都の企業の経営者の方が、「おたくの生徒は、礼儀正しくて明るくて素直で、本当にすばらしいです」と言ってくださったという話も聞いています。この方は幸福の科学の信者ではありません。

地域の方々も、生徒たちの雰囲気《ふんいき》や行動を見て、何かを感じとってくださっているのだと思います。

4. 人間的に成長する体育祭・文化祭

地元の中学生も見入る体育祭

冨岡　開校2年目の頃になりますが、地域のほかの中学生が関西校の運動場のフェンスの外から体育祭に見入っていたことがありました。近くにいた教員が「入りたいの?」とその子に聞いたら、「入りたい。この学校は地元では憧《あこが》れの学校になってきているんだ」と言ってくれたんですね。

竜の口　すごいじゃないですか。うちの体育祭は盛り上がりますもんね。本当によく泣いたり、笑ったり。高学年は高学年なりに、中1は中1なりに成長の機会になっているんですよね。

冨岡　勝利を目指して競い合うところはほかの学校と同じですが、ほかの学校と違うのは、私たちを愛してくださっている主エル・カンターレ大川隆法総裁先生、そしてご両親、ご寄付《きふ》をいただいている信者の皆さまに感謝を伝えたいと言って頑張るところです。その姿勢が、見ていてとてもさわやかなんですね。その思いが伝わってくるんですよ。

幸福の科学の基本三法として『太陽の法』『黄金の法』『永遠の法』（いずれも幸福の科学出版刊）という経典《きょうてん》がありますが、この三書のカバーの色にちなんで、赤団、黄団、青団に分かれて戦います。体育祭の最後には解団式を行うのですが、団長やリーダーたちが後輩たちに感謝を述べるのを聞くと本当に感動します。

竜の口　そういう先輩たちの姿を見ているから、次の年の体育祭の団長を決めるときに「われこそ団長に立候補」と言って積極的に手が挙がるんですよね。

冨岡　ほかの学校の同年代だと、そうした責任ある立場に自分から手を挙《あ》げる子は少ないですが、幸福の科学学園では皆、積極的に手を挙げますね。

竜の口　周《まわ》りの子たちも、リーダーになった人をバカにしたり、からかったりしないで祝福してついていくんですよね。

中・高は反抗期・思春期という多感な時期なので、たとえば応援合戦のときに「踊《おど》る」といっても、斜《しゃ》に構《かま》えて真面目《まじめ》にやらない子がいてもおかしくないと思うんです。でもうちでは真剣になり過ぎて泣きながら踊っている子もいるんですよね（笑）。

冨岡　本当にまっすぐで、素直で、透明《とうめい》で、何ごとにも本気でとり組んでいますね。実際に幸福の科学学園の体育祭を見に来られた方が感動して、幸福の科学に入会することもあるほどです。こうした文化を大切にしていきたいですね。

幸福の科学の教えがインスピレーションの源《みなもと》

竜の口　一方、文化祭はどうですか。

冨岡　関西校の文化祭は、理系クラスの子たちが毎年、大がかりなものをつくるのが面白《おもしろ》いですね。教室のなかに二人乗りの四つの大きなコーヒーカップをつくったこともありました。電気を消すと宇宙旅行をしているように感じられるアトラクションでした。

竜の口　ほかの学校と違うのは、そのなかに真理価値が入っているところだと思います。私も関西校でそのコーヒーカップに乗せてもらいましたが、今、幸福の科学で説かれている「宇宙の法」の理念が入っており、壁《かべ》にはベガの星座がしっかり描《えが》かれていました。「やるな」と思いました（笑）。

冨岡　劇の脚本にも必ず真理価値を入れています。もちろん生徒たちが自分たちで考えてつくっているものです。

竜の口　10分くらいの劇ですが、私は感動して泣いちゃうんですよね。観ている方のなかにも本気度に圧倒されて泣いている方が結構います。霊的人生観によって人生が変わっていくところを描いていて、よく考えて脚本をつくっているなと思います。また、本気でやるから、生徒同士の絆《きずな》も深まっているなと見ていて感じます。

冨岡　確かに、幸福の科学の教えがインスピレーションの源となってアイデアが膨《ふく》らみ、それをかたちにしていますね。

また、このように一つのものをみんなと協力してつくり上げていく力は、社会に出てからも本当に大切な力になってくると思います。

竜の口　だいたい高2の子が文化祭実行委員長を務めますが、かなり前からほかのリーダーたちと理念を話し合っていますよね。主のためにとか、ご来場してくださったすべての方々に感動を届けようとか。「楽しければいい」というものではなくて、「文化祭を通して何を伝えるか」ということをしっかり考えているなと感じます。

冨岡　感動というものは特に、ＡＩなどの機械ではつくれません。学園生たちの創造性を大切にしていきたいですね。

関西校の文化祭の様子。

5．部活動を通して生徒たちが伝えたいもの

竜の口　部活動でも実績が出てきていますよね。

冨岡　関西校で今、一番、目に見えて成果が積み重なっているのはダンス部ですね。世界大会に進出するところまでいきましたし、2019年には中学部門関西大会で団体とソロ両方優勝しました。

竜の口　那須本校のチアダンス部もそうですが、トロフィーがどんどん増えていくので、ケースに入り切りませんね。

冨岡　そうなんですよね。

また、吹奏楽部は、開校1年目に県大会で金賞を受賞しました。これは奇跡に近くて、ほかの学校の先生からいまだに「いきなり金賞をとったのはすごいですね」と言われます。中学生は肺活量が少なかったりするので、「中高一貫校は不利で、金賞はとれない」と言われているのです。

陸上部も頑張っています。１００メートル走で県大会優勝、インターハイに出場しました。高跳《と》びでも県大会優勝しています。

あとはバドミントン部ですね。近畿《きんき》大会に出場しました。

竜の口　ロボットの大会でも賞をとりましたね。

冨岡　未来科学部というのがありまして、京都の大会で優勝し、千葉幕張《まくはり》メッセで行われた全国大会に出場しました。結果は第3位でした。

竜の口　こうした実績の秘密はどこにあるのでしょうか。

冨岡　部活動にとり組むなかにも、「主のために」、そして、「多くの人々に感動を与えたい」という愛の思いを生徒たちは持っています。

たとえば、世界大会でソロ優勝したダンス部の生徒がいます。彼女には憧れの先輩がいたのですが、その先輩は事情があってソロでの出場を断念することになったのです。先輩が泣いている姿を見て、「自分が代わりに出場しよう」と決意しました。その大会では、踊りだけではなくて人間性も審査されます。くじを引いてあたった質問にその場でスピーチをするという審査があるのですが、彼女は「その場で、多くの人々に仏法真理を伝えたい」という思いを持って出場したんですね。初回は成果が出ませんでしたが、高3で出場した最後の年に世界大会で優勝しました。

やはり、自分自身のためだけに頑張ってもすぐに限界がくると思うんですね。

しかし、自分のためではなく主のため、ほかの人々のために頑張ると、どこまでも伸びていけるのだと思います。

これも、宗教教育の成果の一つだと思っています。

6. 理想の教育を目指して

竜の口　この幸福の科学学園を日本全国、そして海外にまで広げていきたいですね。キリスト教やイスラム教も、もちろん神の光を宿《やど》す宗教ですので、今まで人類に光を照らし続けてきたのはすばらしいと思うのですが、開宗から千四百年、二千年も経っているので、現代の悩みや課題に答えられないところもあります。科学や経済《けいざい》、医学などと融合できる新しい宗教が求められている時代だと思います。

冨岡　日本は、明治維新から国づくりの柱に教育を据《す》えたことで、成功《せいこう》してきたと思います。けれども、それが今、限界にきていると思うんですね。日本が今後、世界のリーダーとなるためにも、仏法真理をもとにした教育が求められているのではないでしょうか。

幸福の科学学園は今、日本に2校しかありませんが、「教育界の北極星」の役割を果たしていきたいと思っています。ほかの学校の進んでいくべき方向も示したいですね。

竜の口　幸福の科学学園の生徒を見ていると、世の中で悪いできごとが起こっても、未来に希望《きぼう》はあるんだと思えるんですよね。これからも理想の教育のモデルをつくっていくべく、共に頑張ってまいりましょう。

第3章

卒業生との座談会パート1

社会で活躍する卒業生&学生

参加者

竜の口法子（たつのくち・のりこ）　2012年に幸福の科学学園那須本校・関西校の宗教教育担当として赴任し、2019年4月より幸福の科学学園那須本校校長。

小宮華奈（こみや・はるな）　幸福の科学学園那須本校1期生、青山学院女子短期大学現代教養学科卒。映像制作会社に勤めて7年目。

堀之内隆太（ほりのうち・りゅうた）　幸福の科学学園那須本校3期生、HSU経営成功学部卒。冠婚サービス業に就職して2年目。

小出愛（こいで・あい）　幸福の科学学園那須本校中学2期、高校5期。HSU人間幸福学部4年。

1．入学の頃を振り返る

竜の口法子（以下、竜の口）　今日は、在学中のことを振り返っていただきたく、幸福の科学学園を卒業した皆さんに集まってもらいました。社会人お二人、ＨＳＵに通う学生お一人ですね。よろしくお願いします。

一同　よろしくお願いします。

竜の口　まず、皆さんが幸福の科学学園に入学しようと思ったきっかけを教えてください。

小宮華奈（以下、小宮）　私は高校から幸福の科学学園に通わせていただいたのですが、中2の終わり頃に母から「幸福の科学学園ができる」と聞いて、「同じ信

仰を持った仲間と学べる学校に行ける。しかも、記念すべき1期生になれる」と
いうことを知って、ぜひ入学したいと思いました。

竜の口　入学への不安はなかったですか？

小宮　もちろん不安はあったのですが、寮生活っていうものにもともと憧《あこが》れがあったんです。

小・中学校のときは両親が転勤族《てんきんぞく》で転校が多く、なかなかなじめなくて、親しい友人がそんなにできなかったんですよ。だから、高校は3年間同じところに通いたいなっていう希望《きぼう》もありました。

寮だったら3年間ずっといられるので、それが本当にありがたいなって。親しい友達もできて、うれしかったです。

また、**幸福の科学学園1回目の入学式に、総裁先生から「信仰と天才」という**

御法話をいただいたんです（『真のエリートを目指して』所収）。私たぶん、そのとき初めて総裁先生を直接拝見して。

竜の口　初めてだったんですね。初めての〝生《なま》〟御法話、どうでしたか？

小宮　もう、感動……ですよね。鳥肌《とりはだ》が立ちましたし、御法話を拝聴していて、「これから3年間、本当に、頑張っていくぞ！」っていう気持ちになり、不安が吹き飛んだような気がしました。**学園をつくるために、信者の皆さまがたくさんご寄付《きふ》をしてくださったりもしたので、「感謝を忘れないでやっていこう」と思いました。**

竜の口　ありがとうございます。堀之内くんは、いかがですか？

『真のエリートを目指して』
大川隆法著／1,540円（税込）
幸福の科学出版刊

堀之内隆太（以下、堀之内）　僕はもともと仏法真理塾サクセス№1に通っていたんですけど、初めはそんなに、学園に行きたいと思っていたわけではなくて、サクセスが開催する受験生合宿にも気軽に参加しました。

合宿では、朝から晩までみっちり勉強するのできつかったんですけど、そこで、すごく仲の良い法友《ほうゆう》ができたんです。Yくんっていうんですけど。僕もYくんもバスケをやっていたから、「進学して、一緒にバスケ部を強くしようぜ」って語り合って、盛り上がっちゃったんです。

その後は地元の高校に行く気がさらさらなくなってしまい、ちょっと本気で受験勉強を始めました。でも、信仰生活は全然で、お祈りとかもしていなかったです。バスケに明け暮《く》れる、普通の中学生でした。

入学して印象的だったことは、小宮さんと一緒で、入学式に総裁先生よりいただいた御法話ですね。**3年目の入学式で「夢は叶う」を賜《たまわ》って**（『夢は叶う』所収）。

拝聴していたら、ぜんぶ吹き飛びました。「頑張ろう！」って。

　正直、寮生活について僕は、初めすごい不安があったんです。山奥だし、人見知《ひとみし》りだし、1、2年の間は二人部屋だし……。でも、同室の子がとても優しい子で「あ、ぜんぜん大丈夫だ」ってなりました。

竜の口　ありがとうございます。次に小出さん、入学の動機を教えてもらえますか。

小出愛（以下、小出）　私は、小学校の頃に「**神様が創られる学校ができるんだ**よ」と聞いて、素敵《すてき》だなと思っていたのですが、直接の理由は、5、6年生の頃、地元の小学校でいじめにあったことでした。

　ちょっとした意地悪《いじわる》とか、いたずらみたいな感じだったのですが、結構傷つい

『夢は叶う』
大川隆法著／1,650円（税込）
幸福の科学出版刊

ちゃって。そのとき、「やっぱり、**主の教えを学んでいて、善悪が分かっている人たちのところで学びたい**」って強く思ったんです。幸福の科学学園だったらみんな信仰を持っているし、そういうのが分かる人たちが集まるだろうなって思って、**中学から入学したい**と思いました。

竜の口　小宮さんと堀之内くんは高校からだったけど、小出さんは小6でその決断をしたわけですよね。家を離れて寮に入るって、不安に感じる子も多いんだけど……。

小出　私は、行く直前まではわくわくしてたんですけど、入学してからホームシックになって……たぶん、学年で一番すごかったんじゃないかな。ご飯を食べながら泣いたり……きゅうり食べながら泣く、みたいな（笑）。

でも、すぐに体育祭の準備で忙しくなって、気づいたら克服していました。

2. 幸福の科学学園だけの魅力《みりょく》

大人になっても必要な「礼儀正しさ」が身についた

竜の口　小宮さんは２０１３年に卒業し、一般の短期大学に進学されましたが、「幸福の科学学園は、ほかと違うな」と感じたことはありますか？

小宮　学園生って、常にみんな、単語帳を持っているんです（笑）。**細切《こまぎ》れの時間をすごく大事にするんですよね。**

また、**団結力がすごくあるところも特徴的ですね。**文化祭とか、行事の一つひとつを一致団結してやっていた記憶があります。短大でも学園祭はあるんですけど、かなり個人個人が自由にやっている感じで。

また、**学園では宗教教育はかなりしっかりしてくださっていたと思います。毎朝、**

経典《きょうてん》（※）を読む時間や、お祈りの時間もありました。

竜の口　でも、卒業して一般の大学に進学すると、教授や周りの友人は仏法真理を知らない人ばかりだと思いますが、そのなかでどうしていましたか？

小宮　やっぱり、朝晩のお祈りは欠かさないようにしていましたし、なるべく経典を続けて読むようにしていました。また、幸福の科学の映画が公開されたら、友人を誘って観に行ったりしました。

映画といえば去年、弊社《へいしゃ》で制作した映画を那須本校で上映させていただいたんです。

台湾元総統《そうとう》・李登輝《りとうき》氏のドキュメンタリー映画「哲人王～李登輝対話篇～」なんですけど、私が中高生だったらちょっと理解に時間がかかるだろうなって思う、結構難しい作品でした。でも、学園生の感想に目を通すと、すごく真面目《まじめ》に、し

※**経典**　仏法真理の教えが収められた、尊い書籍のこと。

っかり受けとってくださっていて。「なんでこんなに書けるんだろう」ってくらい、立派《りっぱ》な感想をいろいろ書いてくださいました。もともと、若い人たちに観てもらいたいなって気持ちの大きい映画だったので、とてもありがたい機会でした。

それに、**学園生ってすごく挨拶《あいさつ》をしっかりする**じゃないですか。

竜の口　はい。生徒たちは、廊下《ろうか》なんかで会うと、必ず「こんにちは」と声をかけますね。

小宮　**礼儀がすごい**なと思います。私が通ってるときもそうだったと思うんですけど、卒業すると、そんなに挨拶をしないのが普通なので。でも学園を訪ねると、ものすごい笑顔で元気に挨拶されるので（笑）。

やっぱり、こういう環境で育てていただけて、**礼儀だったり、人に対する感謝の言葉だったり、そういうものが自然と身についた**なと思います。

竜の口　学園では3年間、もしくは6年間かけてみっちり、文化遺伝子《いでんし》というか、カルチャーみたいな感じで身についていますよね。

社会人になると最初は、「挨拶ができる」とか、「礼節がある」とか、結構人間として基本のところですし、一番大事になるんですよね。

小宮　そうなんです。基本の基本ですよね。

「人々のために」という思いが高まる

竜の口　小出さんは、幸福の科学学園生の〝違い〟を感じたことありますか?

小出　私は高校を卒業したばかりの頃、工場のバイトをやっていたときに仲良くなった方と、こんな話をしたことがあります。

「将来、どういうことをやりたいの？」と訊《き》かれて、「世界中で困っている子どもたちを助ける仕事ができたらいいなと思っているんです」ってお話しすると、「なんでそんなふうに思えるの？　めずらしいね」ってびっくりされたんです。

私のほうも驚《おどろ》いて、「でも、高校の友達がみんなそんな感じだったんですよ」と言うと、「えっ、どこの高校？」「幸福の科学がつくった学校に行ってたんですけど」「すごい！　魅力的《みりょくてき》だね」って話が盛り上がって。

「自分がどうなりたいか」よりも「人のために大きな夢を描《えが》いて努力したい」っていう、そういう方向性を学園時代に得られたのはめずらしいことだったんだなって気づいたし、「学園生って本当に素敵だな」って思ったできごとでした。

竜の口　堀之内くんは入学して、バスケ部はどうでしたか？

堀之内　部活って、どこもそうだと思うんですけど、熱量は人によって違うじゃないですか。

小出　そうなんですよね。

堀之内　そこでちょっと、葛藤《かっとう》みたいなのがありました。Yくんと僕は、「バスケ部を強くしよう」っていつも語り合ってたんですけど、「ちょっと運動したり、バスケしたりして遊びたい」っていう人と、どうやって調和して、メリハリをつけてやっていくのかっていうところで。

Yくんが部長、僕が副部長になったとき、バスケ部でミーティングをやって、「目標」と「目的」を決めたんです。まず、「県大会に出る」という「目標」を立てた。それはなぜかというと、「幸福の科学学園を支援して、期待してくださっている方がたくさんいるから、結果を残して恩返ししたい」と、これが「目的」です。

それを、バスケ部のみんなで話し合って決めて。

「学園に支援してくださる方々に恩返しをしたい」っていうところには、熱量がそんなに多くない部員も「いいね」って賛同してくれたんです。それが決まってから、結構うまくいくようになりました。

竜の口　なるほど。それで強くなって、結果としては県ベスト16でしたか？

堀之内　そうなんです。やっぱり、目的とか目標が大事だなって思いました。ちょっと、うまくでき過ぎた話で恐縮《きょうしゅく》なんですけど……。

一同　（笑）。

3．一人ひとりに合わせた学習サポート

塾《じゅく》よりも手厚《てあつ》いフォロー

竜の口　皆さんは、勉強をどんなふうにされていましたか？

堀之内　僕の場合、高2のときに、志望校別《べつ》クラス分け試験がありました。それまでは最低限の勉強しかしていなくて、毎日が修学旅行気分で大いに学生生活を楽しんでいたんですけど、「早慶《そうけい》グループ」の試験を受けてみたら、合格ラインぎりぎりくらいで受かってしまったんです。それで、「これはやらないといけないな」って高2の半《なか》ばから切り替えて、勉強を始めました。

このチームに入ると、セミナー室で補講に入れたり、夜11時まで学校に残って勉強ができたりするんです。**補講もすっごい数があって、フォローがすごくしっ**

かりしてて、いつでも質問を受けつけてもらえて。
チームに入っていない人でもそうなんですけど、**教員全員体制で受験生をフォローしてくれるんです。**何より、**先生たちのそういう気持ちが伝わってきて、「恩返ししたい」って頑張る原動力**になりました。
こまめに補講を開いてくださるし、自習のときにどうやって勉強したらいいかとか、復習の仕方とかも本当にこまめに教えてくださって。那須校はこう、塾《じゅく》に行けないじゃないですか。

竜の口　「塾の要らない学校」だけど、〝塾に行けない学校〟とも言えるんですよね（笑）。

一同　（笑）。

堀之内　山奥だから、塾に行けないんですけど、**塾に行くより絶対にこっちのほうがいい**なって思っていました。

仲間たちとの「団体戦」でモチベーションアップ

堀之内　あと、受験プロジェクトの方が信仰教育もしてくださったんですよ。それが、受験期の支えになりました。

竜の口　どんなことをするんですか？

堀之内　**毎週日曜日に御法話を拝聴**して、そのあと、担当者が発表するんですよ。発表担当者は1週間前から指名されていて、各人、受験に対する思いとか、いろいろな学びを発表するんです。僕のときは、「感謝の思いが原動力です」っていう内容の発表をしました。どの発表も本当に、すごい内容が多くて。
そのあと、みんなで法談《ほうだん》するとすごく意識が高まって「来週も頑張ろう！」ってなるんです。**学園では「受験は団体戦」**って言いますけど、本当にそうだなあって思いました。

竜の口　それはうらやましい受験生活ですね。

堀之内　はい、本当に楽しかったですね、**受験生**。**このときが一番楽しかった**です。**友情も一番深まった時期**でしたし。

竜の口　お正月は高３生みんなでカウントダウンをやりましたよね。楽しかったよね。

小宮　確か、記念講堂に集まって。

堀之内　やりましたね。1月1日の0時2分にみんなで「新年の誓《ちか》い」(※)を挙《あ》げて。竜の口さんが新年の説法をしてくれて。

勉強が苦手でも「もう一段、頑張ろう」と思える

竜の口　センター試験も、みんなでバスに乗って一緒に行きましたよね。ほかに、勉強面で印象に残っていることはありますか?

小出　私は勉強が苦手なほうで、学園への入試も、準推薦《じゅんすいせん》でぎりぎり入った感じだったんですね。だから、**数学や英語は習熟度別にクラスを分けて授業をしていただいていたのが、ありがたかったです。**自分のペースで教えてもらえて、先生た

※**「新年の誓い」**　幸福の科学の三帰信者が拝受できる経文『祈願文②』に収められている祈り。

ちに「分からないです」って言っても受けとめてもらえました。

一人ひとりに的確なアドバイスをくださって、自分のレベルの「もう一段上」くらいのところへ押し上げてくれる感じがしていました。夜、寮の先生の部屋へ行っても質問を受けつけてくれるんです。「愛が深かったなあ」っていう印象が残っています。

あとは、教学（※）ですね。「そういう悩みがあるなら、この経典の、ここを読むといいよ」って教えてもらえたのもありがたかったです。

竜の口　勉強と信仰が一体化していますね。

小出　そうなんです。**「なんで勉強が大事なのか」を繰り返し教えてくださるか**ら、周りの子もみんな、**勉強の奥にある「感謝・報恩《ほうおん》」のところを見ながら頑張っていた**ように思います。自分のための受験というよりは、やっぱり、多くの方から

※**教学**　御法話や経典などを通して仏法真理の教えを学ぶこと。

いただいてきたから結果を出して恩返しをしたいし、**「人生のミッションを一番果たせる学校に進学したい」っていう思いをみんなが持ってて。**

勉強に苦手意識がある子に対しても、レベルに合わせてもう一段、頑張れるようにやり方を提案してくれて、頑張ろうって気持ちを支えてくれました。

2015年、「幸福の科学大学」が不認可だったときのショック

竜の口　幸福の科学は、大学に相当《そうとう》する「ハッピー・サイエンス・ユニバーシティ」も創立していますが、もともと「幸福の科学大学」として開学予定でした。2015年の開学直前に不認可になった当時は、どんな気持ちでしたか。

堀之内　ああ……あれは、きつかったですね。

竜の口　堀之内くんたちが高３の10月29日でしたよね。

堀之内　あの日は、全校生徒が記念講堂に集められて、竜の口さんから、「幸福の科学大学が、文部科学省から『不認可』にされました」って伝えられて……。

竜の口　女子は大泣きで、男子も「どうしよう」って感じで。私も泣いていましたが、その後、生徒たちのことが心配で。幸福の科学大学に進路を絞《しぼ》っていた人たちは、あのときどうしたんですか？

堀之内　ほかの学校に行こうって思う……しかないですよね、もう。探しましたけど、悩んで悩んで。でも、ほかの大学には行きたくないという人も……。

竜の口　もともと、「２０１５年に幸福の科学大学を開学する」っていう発表があったのが、ちょうど、堀之内くんたちの高校の入学式の日だったんですよね。だから、幸福の科学大学は3年越しの夢だった……。

堀之内　そうなんですよ。同学年のみんなとも、同じ第一志望を目指して、団結していましたし。それが、あの一日で。

小出　幸福の科学大学が不認可になったあと、ハッピー・サイエンス・ユニバーシティが開学するって決まったのはいつでしたっけ?

竜の口　1週間後ですね。その間、ずっとあなたたちはもう、悩んで悩んで……。なかには、「ほかの大学には行きたくないから就職する」って言い出す子もいましたよ。でも、1週間後に「幸福の科学大学」準備室の方々が来られて、「ハッピー・サイエンス・ユニバーシティとして開学することになりました」と発表されて、みんなで万歳《ばんざい》しましたよね。うれしくて、うれしくて、〝万歳十唱〟したよね。

ＨＳＵ開学が決まるまでの間に、あなたたちでビデオメッセージを撮ってましたよね。３期生全員で撮ったやつ。

堀之内　はい。信者さんたちも不安になっていらっしゃると思うから、「ありがとうございます」「僕たちは大丈夫です」っていうビデオメッセージを学年全員で撮るっていうことにしたんですけど……あれ、実は僕、出ていないんです。

一同　えーーーーー!?

堀之内　そのとき、全身じんましんになっちゃって。不認可の発表があったあとから、身体にブツブツが出てきて、熱も出てきて……。当時はなんで出たのか分かってなかったんですけど、一週間くらい治りませんでした。

竜の口　それだけショックが大きかったんですね。じんましんは、それ以降はあるんですか？

堀之内　ないですねえ。あっ、でも社会人になって、お酒を飲むと出るようになりました。たぶん、〝飲むな〟っていうことですかね。

一同　（笑）。

4. 楽しくて、自分を成長させてくれた寮生活

休日や自由時間の過ごし方

竜の口　休日や自由時間は、どんな風に過ごしていましたか？

小出　平日には、みんなで朝作務《さむ》をやる日とかもあるんですけど、日曜は何も……昼過ぎまで寝てたことも（笑）。

竜の口　休日はバスが出ていますが、買い物など行ってる人もいますよね。

小宮　私はほとんど行かなかったですね。買い物に行ったのも、たぶん1～2回くらい。部屋で本読んだり宿題したり、ラウンジでテレビ観たりしていました。

自由だし、寮だから仲間がいっぱいいるので。おしゃべりしてると一日終わっちゃったーとか、ざらで。

平日の放課後も、私は、部活のない日は結構時間が空いてて、**友達と映画を観たり、図書館で本を借りたりしていました。結構自由な時間が多かった**ですね。

竜の口　寮の人間関係とかどうでしたか?

堀之内　僕、相部屋の人が良かったんですかね? みんな部屋が綺麗《きれい》でした。僕も朝、出る前にちょっとやっとくんですよね。それで、帰ってきて「あ、綺麗だわ」って自己満足で。

小出　素敵。

堀之内　僕、花作務委員長をやってたんです。それでちょっと、お花に愛を持っていまして。高３のときは、部屋でシクラメンを育てていました。

竜の口　寮の部屋にいろいろ置いてる人いますよね。昔は、亀《かめ》を飼《か》ってる子もいて。生き物は、申請を通さないといけないんですけど。カブトムシの幼虫を一生懸命、羽化《うか》させようとしてる人とかね。堀之内くんは、お花だったんですね。
今、着物やドレス関係のお仕事をされてますけど、そういう感性が生かされているのかな。

堀之内　そうですね。
話が飛ぶんですけど、僕、フランスが好きなんですよ。ＨＳＵで経営成功学部に入ったのも、「フランスで仏法真理を弘めたいなら、事業として入ったらどうか」ってある人に言われたからなんです。確かに、それは面白《おもしろ》そうだなって。

竜の口　それで経営に興味を持って、ＨＳＵの経営成功学部に？

堀之内　はい。「もともと経営の勉強が好き」というより、起業してフランスへ伝道に行きたいっていうだけで。でも今思えば、高校の頃からナポレオン・ヒルとか、マーフィーを買って読んでいましたね。

竜の口　小出さんは、寮長もされていましたが、苦労などはありましたか？

小出　そうですね。女子寮って約２４０人入っているんですけど。大変だったことは、みんながなかなか「朝の祈り」に来てくれないから、どうやって来てもらおうかなって（笑）。朝、館内放送で招集をかけるんですけど、優しく、「皆さん、おはようございます……」って流すんです（笑）。

男子寮では、「みなさん！　おはようございまーす！　起きてねー！」みたいな感じで男子寮長がやってました。

学園の寮は、組織図としては、「ファミリー長」というのがいて、寮全体が6個の「ファミリー」に分かれてるんです。それで、ファミリー長の子たちと一緒にイベントをいろいろ企画しました。「寮祭」や「寮企画」があって、私たちのときは、ファッションショーをしました。体育館を使って、カーペット敷《し》いて。クリスマスパーティーもやっていました。

それから、新入生が入寮するときの受け入れを手伝ったり、生活を支えたりするお仕事ですね。

竜の口　お休みの日に寮のみんなでお出かけしたりしていますね。あとは庭で野菜を育ててる子たちもいて。共有スペースの作務とかも担当で回していましたが、作務になかなか人が来てくれない、とかもあったんじゃないですか？

小出　確かに、人が足りなかったときはいっぱいあります。朝、ちょっと眠いって来ない子もいましたね（笑）。

病気と向き合う力をくれた

竜の口　寮長として多くの人をまとめるのは大変だったと思うのですが、どうして小出さんは高校生の頃から、そんなに寛容《かんよう》な心境でいられたんですか？

小出　高1のときに病気が発症したのが、大きかったたです。具合が悪くて病院に行ったら即、入院となりました。膵臓《すいぞう》が機能停止しちゃう難病で、いわゆる「現在の医学では根治《こんち》できません」という。

竜の口　毎日、注射を打たないといけない病気でしたね。私が翌日、お見舞《みま》いに行ったときは、まだ病気を受け入れることができずにいましたね。

小出　はい。けれども、**病気をすることで大きな気づきを与えられる**ようになりました。私、それまで、大きな人生の挫折《ざせつ》をしたことがなかったんです。家族にも恵まれていたし、法友にも恵まれて。でも、**「みんなに人生の問題集っていうのがあって、私の場合はそれが病気だったんだ。それが一番、主に近づける道なんだな」**って気づいたんです。

そういう人生の問題が、みんなにそれぞれあるんだなって分かった瞬間、なんかすごく、**いろんな人に対して優しくなれた自分がいました。**朝作務に来ない子がいても、「よしよし」みたいな気持ちに（笑）。

〝慈悲魔《じひま》〟（※）になってはいけないんですけど。でも、「そういうときもあるよね」みたいな気持ちになれたのがあって。

※**慈悲魔**　優し過ぎて相手の悪などを増長させ、人をだめにしてしまう人のこと。

竜の口　学園生はすごいなって思うのが、彼女の病気が発症したあとに、友達が寮長を勧《すす》めてくれたんですよね。普通、「病気だから、やらなくていいよ。何もしないでいいよ」っていうものじゃないですか。

小出　そうなんですよ！　同じ時期に男子寮長をしたTくんが、「愛ちゃん、やらないの？　寮長。やりたいって言ってたじゃん」って言ってくれて。

私、中学生のときから、寮長にすごく憧れていたんですね。でも、病気で学校に行けない日も多くて。竜の口さんを始め、先生方も何度も寮の部屋に来てくれてたのですが、身体だけじゃなく、マインド的にも立ち直れないときがあって。

竜の口　つらそうでしたよね。朝とか特に。

小出　はい。「学校に全然行けていない自分に寮長ができるのかな」「みんな、ついてきてくれるかな」って葛藤がありました。だから、「やりなよ」って背中を押してもらえたのは大きかったです。

結果的には、**寮長をやることで責任感が生まれて、少しずつ学校に行けるようになっていったし**、寮祭など、みんなで一つのものをつくるのはすごく楽しかったし、寮長をやらせていただいて本当に良かったなと思います。

竜の口　**病気そのものが治らなくても、「病気のときこそ、与える愛をしよう」**って、小出さんも**自己変革していきました**よね。傍《そば》で見ている私自身も学ばせてもらいました。

「つらいときこそ、与える側に立つ」っていう機会を与えられたことが、小出さんの学生生活にとっては、自分自身の病気を克服するきっかけになったんですね。

5. 幸福の科学学園で学んで良かった

「人生の問題集」に仲間たちと立ち向かえる

小出　私が幸福の科学学園に入って一番良かったと思うことは、「人生の問題集」にしっかり向き合えるところです。病気が判明したとき、一番仲が良い子に「おめでとう」って手を握《にぎ》られたんです。

一同　（笑）。

小出　手を握って、「愛ちゃんなら、絶対に乗り越えられるから、この問題が与えられたんだね」って励《はげ》ましてくれたんです。

普通の学校だったら、周りの人に病気のことを言うこともできなかったと思うし、隠れて注射を打ち続けなければいけなかったかもしれない。たぶん、学校も辞《や》めていたかもしれないですね。

でも、「人生は一冊の問題集だ」って知っている法友を得ることができたのが、すごく大きかったなって思いますね。

学校を休んでも、うどんを持ってきてくれる寮職員の方もいて。

堀之内　懐《なつ》かしい！　病気すると、寮でうどん（笑）。

小出　そういうなかで、サンガ（※）の強さを感じました。

竜の口　若い方が発症する難病で、一般の高校だと辞めちゃう子もいるんですよね。でも、小出さんの場合は、アメリカ海外語学研修にも行けたし。ホームステイなどもできて、本当に立派だった。

※**サンガ**　教えを学んでいる人たちや教団のこと。「僧団」ともいう。

小出　そうなんです。保健室の先生も一緒に行ってくださったし、ホームステイ先もナースの方にしてくれたんです、旅行会社の方が。皆さんの愛ですね。

泣いたこともあったけど、それでも**やっぱり信仰の力と、サンガの強さで乗り越えられた**なあって思うので、やっぱり私のなかで、学園は大きかったです。

「私はこの信仰を絶対に手離さない」と誓《ちか》ったとき

小宮　やっぱり、**法友と出会えたこと**は大きいですよね。あと、**先生方と出会えたことも**。

私の場合は、担任でもなく、受験の科目でもなく、部活の顧問《こもん》でもないんですけど、精神的な支えになってくださったS先生っていう方がいて。「恩師《おんし》」って思える方で、いまだに、たまに連絡をとっています。高3のときは、個人的にいろいろあったのですが、S先生には本当に支えていただいて。

竜の口　ああ。そうでしたね。

小宮さんが高1、高2のときにずっと仲良くしていたお友達が、ご家庭の事情もあって信仰を手離して、転校していっちゃったんですよね。親友のように、いつもグループで一緒にいた子が二人、退学してしまった。でも、そのグループで、小宮さんだけは残ったんですよ。

小宮　あのときは、竜の口さんにも本当にお世話になって……。

竜の口　いやいや、私も小宮さんと面接したり、部屋でお話しさせてもらいましたけど、もう、ずっと泣いていましたよね。涙しか出ない、しゃべれないって感じだった……。そのうち、私も一緒になって泣いたりしたね。

小宮　そうですね、毎日泣いていました。受験期で、文化祭のあとくらいだったかな。友達が二人立て続けに辞めてしまって、精神的にも不安定になっちゃって。もともとそんなに泣くタイプじゃなかったんですけどね。

竜の口　ご家族も、先生方も、周りの人みんな、あのとき心配していたんですよ。あなたが立ち直れなくて、信仰を手離してしまうんじゃないかって……。

小宮　自分のことでいっぱいいっぱいで、周りが見えていなかったです。でも、今思えば、**信仰心を見つめ直すきっかけ**を与えてくれるできごとだったのは間違いないです。あのとき、**「私は絶対にこの信仰を手離さない」って決意**しました。

S先生とも、お話ししているだけで心配してくださっているのが伝わってきて、優しい笑顔で微笑みかけてくれるだけで、**心が救われた**なと感じていました。

竜の口　そういう先生に出会えたのは、本当に、恩師ですねえ。

国際情勢などの生きた学問を教えてもらえる

竜の口　堀之内くんは、学園に入って良かったなと思うことはありますか？

堀之内　僕の場合は、**ラウンジに本棚があって、いつも新刊経典を置いていただけていたので、読み放題だった**のが良かったですね。

時事とか国際情勢系の経典や霊言もあるので、時事関係のことも勉強するようになったり。日曜日に、ラウンジの経典を数冊かっさらって、机に重ねてドン！と置いて読んでました。

竜の口　贅沢《ぜいたく》だなあ（笑）。

堀之内　国語はそれで勉強したようなものでしたね。そういう環境が与えられていて、**時事問題とか、世界の情勢とか、地球の正義はどうあるべきかみたいなことを考えるきっかけ**をいただいていました。世界史の授業でも、国際情勢とかいろいろ話してくださるので、めちゃ楽しかったです。あのときがなかったら今でも、こんなに世界で起こっていることに興味がなかっただろうなと思いますね。

竜の口　友達と、政治《せいじ》の話などもしていたんですか？

堀之内　しましたね。選挙のたびにラウンジのテレビで投開票をみんなで観たり。アメリカ大統領選挙前とかは、話が盛り上がりました。

聖なる空間で反省・瞑想《めいそう》の習慣をつくることができた

堀之内　環境の面でもう一つ、ありがたいなと思っていることがあって。僕、受験生のときは、毎朝5時に起きて勉強していたんです。那須の朝は本当に静かで。

那須本校は、幸福の科学の総本山・那須精舎《しょうじゃ》の境内地《けいだいち》にあり、那須精舎の大ストゥーパがすぐそこなんですけど、**高3の夏くらいから半年間、雪の日とかも、毎朝6時に参拝《さんぱい》していました。**朝の誰も来ないなかで、**30分くらい心を静める時間をとっていました。**それは、今考えても大きかったと思います。

僕は今、社会人2年目なんですけど、嫌なことがあったときも、**瞑想《めいそう》したり、反省したりして、充電《じゅうでん》する習慣が生きています。**

竜の口　社会に出ると、いろいろありますが、そういうのは、つらいときの支えになりますよね。どうして毎日ストゥーパに参拝していたんですか？

堀之内　初めは何気《なにげ》なく、ふらっと勉強の気分転換《きぶんてんかん》で行ったんです。そうしたら、ハマりまして。生活の近くにそういう聖なる場があるっていうのは、すごくありがたいことです。学園からだと歩いていけるので。

今は、勤務《きんむ》地が愛知なんですけど、遅番《おそばん》の日は、午前中、名古屋正心館に参拝させていただいたり、休日にも行かせてもらっています。

そういうなかで、将来のことを考えても、確かに「ビッグになりたい」とか「いっぱい稼《かせ》ぎたい」とかもあるんですけど、「なんで稼ぎたいか」っていうところを考える素地《そじ》を学園でいただいたなって思います。やっぱり、「ただ、自分が良い思いをしたいから」って考えの人も多いと思うんですけど、学園で学ばせていただいたことで、「幸福の科学がもっと波及《はきゅう》していくために、**もっと多くの人が幸福になるために、どうやって自分が役に立つか**」というふうに考えられるようになりました。

6. 大きな夢を描《えが》ける場所

志《こころざし》を練《ね》り込む

竜の口　幸福の科学学園生はみんな、「将来の夢」を持っていますよね。

小出　将来について考える研修や授業など、学園では何回も夢を考える機会を与えてくださっています。私も、高１のときに受けた、将来の夢についての研修で、「幸福の科学バージョンの国連《こくれん》をつくる！」って言っていました。みんな、各々に夢を発表してて、私、あの時間が一番好きでした。

竜の口　そうそう。私も研修をやると、発表の時間はたっぷりとっていても**発表する子が多すぎて、いつも時間切れ**になっちゃう。なかなか、自由に夢を描いてお互い発表するっていう学校はないですよね。**みんなが手を挙げて、みんなが夢を語るんです**。なかには「ＵＦＯをつくる！」とか「宇宙防衛軍に入る！」とか（笑）。

小出　「大統領になる」とかありましたね。みんな、小さいことを気にするんじゃなくて、大きな夢をいっぱい語るんですよ、そこに私も影響されました。

その後、「現実的に考えて、実力とかを見ても、大統領は無理かな」とか思うこともあると思うんですけど、大学３年生とか４年生になって就活を考える時期になっても、最初に持った夢って残っているんです。**学園時代に、「人は、志《こころざし》以上の人にはなれない」って教わった**のがめちゃくちゃ印象に残っていて。だから、**中高で描いた大きな夢は、ずっと残っている**んですよね。「こういうふうになりたい」**っていう方向性が続いているので、それが、違うかたちになろうと、いつか具体的になっていく**んじゃないかなと思います。

「探究創造科」で自分自身の夢を発見できた

竜の口　ありがとうございます。堀之内くんの夢は、「起業してフランスに仏法真理を弘めるお手伝いがしたい」でしたよね。

堀之内　僕、学園に帰るといまだに「フランス行った？」って聞かれるんですよ。僕、フランスの印象しかないみたいで。フランス語の単語帳も持ってたし。

　実は就職面接のとき、今の会社の会長に訊かれて「経営を学んで起業したい」と伝えたんです。そうしたら会長は、「そんなに甘くないよ」っておっしゃって。そして、「もし、うちに入って10年後に絶対独立するって約束するなら、採用します」って言われたんです。

竜の口　えーっ、すごいですね。

堀之内　たぶん、「そうなんですね、起業したいんですね」って流すこともできたはずだと思うんです。でも、逆に、そこまで言ってくださるんだっていうことに感動して、「ここで、この人について学びたい」って思いました。起業の種はまだ考え中なのですが、衣・食系で考えています。

竜の口　「将来の夢を描くのが苦手」っていう子もいると思うのですが、学園生はみんな、夢が見つかっていきますよね。

小出　私の場合は、**探究創造科の授業**で結構、固まりました。**中1のときは「偉人教育」をテーマに学ぶ**のですが、そのときにガンジーについて学んだんです。みんな、それぞれ好きな偉人とか、尊敬する人が出てくるのですが、そこでまず、自分の傾向性を見つけられるんですよ。
　レポートを書く際に、興味のあることなど、ワードをたくさん書き出した覚えがあります。そういうのを通じて徹底的に自分自身を見つめるんです。だから、私は結構、そのときに固まりました。

後輩たちへのメッセージ

竜の口　最後に、今、幸福の科学学園に入学を考えている後輩たちに向けて、メッセージをお願いします。

小宮　はい。**幸福の科学学園では、一生ものの法友や恩師に絶対出会える**と思うんです。それに、**努力することの大切さや信仰心っていうのは、やっぱり、学園のなかにいたからこそ得られたものが大きい**です。たぶん、普通の高校に通っていたら私は、今の人生にはなっていないだろうなと思います。

入学前は不安もあると思うのですが、一歩、前に進む勇気を持ってほしいです。本当に後悔しないと思うし、本当に楽しいし、人に恵まれます。

そういう大きな出会いがあって、今後の人生にも大きく関わってくると思います。**学園の先生や法友とは、一生切れない縁でつながっている**と思うので。ぜひ、多くの方に、学園で学んでほしいです。

竜の口　次は堀之内くん、どうぞ。

堀之内　僕が入学して思ったのは、「ホグワーツみたいだな」だったんですよ。

竜の口　「ハリー・ポッター」のですか？

堀之内　はい。体育館からカフェテリアに帰る廊下に全面ガラス張りのところがあるんですけど、天気によってはすごいホグワーツ感があって。だから、「ハリー・ポッター」好きならぜひ！

一同　（笑）。

堀之内　あとは、小宮さんもおっしゃっていたんですけど、法友との出会いは本当に良いと思います。**天国で本当の仲間たちといる感覚って、たぶんこんな感じ**なんじゃないでしょうか。

地元の友達も本当に仲良くしてくれて、一緒にいて楽しいんですけど、やっぱりちょっと違って。出会って、一緒に過ごしていくなかで、「**幾転生《いくてんしょう》、長い時間、ずっと一緒にやってきた仲間なんだろうな**」って実感として分かるんです。

そして、光に満ちた場所なので、いろいろな奇跡が起こりますよ、と言っておきたいです。宇宙人にも会えるかも。

竜の口　面白いこともいろいろありますよね。じゃあ、小出さんも。

小出　はい。まず、もしも幸福の科学の学校に行こうか、ほかの学校に行こうか迷っている人がいるとしたら伝えたいなと思うのが、長いスパンで見たときに、来世も幸福の科学学園があるか分からないっていうことです。もちろん、あってほしいけど、遠くにあって通えないかもしれないし。

やっぱり、**主の御在世中《ございせちゅう》に、神様が創られた学校に入れて本当に良かったなって思っています。**人生を何回振り返っても、**絶対に「こちらを選択して良かった」って思う確信**があります。

だから、チャンスがあったらぜひ、**神様が創られた学校**に入ってほしいと思います。そのなかでも、いろいろ悩んだり、苦難・困難もあるかもしれないけれども、主エル・カンターレは、そうした**苦難・困難も光に変えてくださる〝最強のコーチ〟**だって私は思っていて。

　また、入学された在校生の皆さんにもお伝えしたいのですが、私は、６年間学園にいたけれど、卒業してみると一瞬《いっしゅん》でした。病気で結構学校を休んじゃったこともあって、「時間を無《む》駄《だ》にしちゃったな」って少し後悔が残っているんです。だから、一回一回、法友と話す時間や、学校に行く時間を大事にしてほしいなって思っています。

竜の口　幸福の科学学園に入ってくる時点では、そんなに信仰習慣のある人はいません。仏法真理塾サクセス№１で宗教教育を受けたりする人はいますが、たいていの子は、「親が信者だから信者」というくらいで、「ほぼ信仰歴ゼロ」っていう人も多いです。そこからスタートするんです。

　でも、仏法真理を学びながら成長していくところを見ていると、「あ、こんなに人って変わるんだな」って思います。中高生って反抗期もあれば思春期《ししゅんき》もあって、進路の悩みや人間関係の悩みも最高潮になるときなんですよね。その時期に親元を離れて、**法友と協力して悩みを乗り越えていくと、卒業式のときにはまるで別人**なんですよ。本当に、**魔法《まほう》がかかったようです。**

たとえば、AIが「この人は、3年後はこうなる」って予測したとしても、幸福の科学学園の生徒に関しては絶対に当てられないと思います。**信仰心を身につけ、仏《ほとけ》の叡智《えいち》を学び、成長していく無限さ。仏性《ぶっしょう》が輝きを増していく人間の姿っていうのは、誰にも予測できないし、それこそ神のみぞ知るっていう世界**です。

3年間、6年間もいれば、トラブルもあるでしょうし、教員に反抗したくなることもあるかもしれません。でもそのプロセスも含めて、一人ひとりが与えられた仏性を輝かせていけるというのは、この世的にのみ教えている学校にはないと思います。

だから、大川隆法総裁先生が幸福の科学学園を創ってくださったありがたさっていうのを、毎日感じます。毎日、多くの生徒の運命が、確実に変わっている。それを思うと、まだここに通えないたくさんの人たちのためにも、日本と世界に、こんな学校をいっぱい創らないといけないないなって思います。

この学園があることで、運命が変わり、人生が変わった子たちがたくさんいると思います。多くの生徒の皆さんが幸福の科学学園に来て、本来の仏性を輝かせてくれる日を、心待ちにしています。

今日は皆さん、お忙しいなか、ありがとうございました。

第4章

卒業生との座談会パート2

宗教家として活躍する卒業生

参加者

竜の口法子（たつのくち・のりこ）

藤田有香（ふじた・ゆか）　幸福の科学学園那須本校1期生。お茶の水女子大学生活科学部卒業後、幸福の科学に出家。現在、幸福の科学神奈川西部支部・支部長。

川上聡子（かわかみ・さとこ）　同2期生。岡山大学法学部卒業後、幸福の科学に出家。現在、幸福の科学宗教教育企画局　仏法真理塾サクセス№1宇都宮本校校舎長。

山﨑義久（やまさき・よしひさ）　同1期生。中京大学工学部卒業後、幸福の科学に出家。現在、幸福の科学メディア文化事業局。

1.「感謝の心」は、幸福を広げる実在の力

幸福の科学学園の３年間を振り返って

竜の口法子（以下、竜の口）　幸福の科学学園を卒業し、幸福の科学に出家した藤田有香さん、川上聡子さん、山﨑義久さんのお三方と座談会を行いたいと思います。皆さま、よろしくお願いします。

一同　よろしくお願い致します。

竜の口　幸福の科学学園での生活を振り返ったときに、皆さんにとってどのような時間でしたか。

藤田有香（以下、藤田）　私にとっては、**人生そのものが変わった3年間**だったと思います。学業はもちろんですが、**幸福の科学の説く仏法真理に基づいて人生を歩む指針を学ぶ貴重な時間**で、今、思い出しても輝く時間でした。

川上聡子（以下、川上）　私も同じことを感じています。幸福の科学では真理に出会うことは「新生」「トゥワイス・ボーン」であると教えていただいていますが、私にとって、**幸福の科学学園に入学したことがまさしくトゥワイス・ボーン**そのものでした。この学園生活が、今の仕事にも密接に関わっていますし、この3年間がなければ自分の人生は薄っぺらいものになっていたと思います。

山﨑義久（以下、山﨑）　私にとって幸福の科学学園は、「**人生の再出発地点**」でした。私はもともと地元の高校に通っていたのですが、実は、その高校に通っていること自体に違和感《いわかん》がありました。幸福の科学学園ができるということを知って、地元の高校を中退して幸福の科学学園に入学しました。創立者である大川隆法総裁先生が1年の間に何度も足を運んでくださり、**総裁先生の愛に育てられた3年間であった**ことを振り返って、心から感謝しかありません。

ほかの学校にはない「感謝の心」を学べる

竜の口　ありがとうございます。皆さん、大学を卒業し、出家して3、4年が経《た》ちます。現在は、幸福の科学でどのような聖務をされていますか。

藤田　私は今、神奈川西部支部の支部長をさせていただいています。**幸福の科学の支部は魂《たましい》の救済《きゅうさい》、心の救済を推《お》し進める地域の光の灯台**です。そのなかで、幸福の科学学園で日々感じていた「**感謝の心**」**がとても大きな力になっている**と感じています。

私が幸福の科学学園で学ぶことができたのは、信者の皆さまの尊いご寄付《きふ》のおかげです。その愛を受けて育ったからこそ、支部で信者の皆さまに恩返ししたい、皆さまの救済の情熱《じょうねつ》を汲《く》みとり、かたちにしていきたいと心から思えます。

竜の口　「感謝」というと一見、抽象的《ちゅうしょうてき》ですが、実際に仕事をしていくときには実在の力であると私も感じています。

藤田　はい。特に、支部で人々の心の救済が進んでいくときは、感謝の思いが集まってきているときだと感じています。**感謝の心は、愛と幸福を推し広げていく力そのものであると実感しています。**

私が社会のお役に立つという高貴《こうき》なる義務《ぎむ》を果《は》たしたいと心から思えるのも、やはり、幸福の科学学園で教わった感謝の心のおかげだと思います。

竜の口　支部での活動も感謝が原動力になりますよね。皆さんは幸福の科学学園でどのように感謝の心を学びましたか。

山﨑　私は幸福の科学学園に入学して、救われたという思いがあります。特に中高生の多感な時期は、どのように自己発揮し、成長していけば良いかが分かりません。

私の場合は、学園に入学するまでは挑戦《ちょうせん》できる場所を見つけられませんでしたが、学園は開学初年度ということもあって一**から創っていかなければならない場所でした。**幸い先生方も生徒の意見を聞いてくださり、**可能性を引き出そうとしてくださいました。**

竜の口　可能性を見て、広げてくれたことに感謝の心が湧《わ》いてきたんですね。

山﨑　そうですね。先生方や学友と本音でぶつかって、ものごとをつくり上げるなかで、新しい自分が見つかるという経験をさせていただきました。

竜の口　川上さんはどうですか。

川上　私は学園で生活していて、感謝の思いがとまらないという経験を何回もさせていただきました。たとえば作務《さむ》をしているときです。信者の皆さまのご寄付でいただいた校舎ですので、後輩たちのためにもと思って校舎を磨いていくなかで、**与えられた愛の大きさに感謝が溢《あふ》れてとまらないという経験**をしました。

使わせていただいている一つひとつのものが自分や家族の力だけではなくて、多くの信者の皆さまの愛で支えられているという実感といいましょうか。そして何よりも、「**仏《ほとけ》の愛のなかで私たちは育っているんだ**」ということに感謝しかありません。

竜の口　そうですね。一般の学校では「掃除《そうじ》」はあっても「作務」はありません。また、どの学校でも受験については教えてくれますが、感謝の教育はなかなかされていないと思います。

中高時代というのは偏差値によってほかの人と比べられて生きるので、感謝の心よりも嫉妬《しっと》の心が強く出てくるのが普通です。しかし、藤田さんの言うように、社会に出て仕事をしていく際には、目には見えませんが、感謝の心が大きな仕事をしていきます。幸福の科学学園では高貴なる義務を果たすということを教えていますが、その根本には、与えられていることへの感謝がありますよね。

2.「生命の尊さ」を教える宗教教育

藤田　今、支部では、自殺防止キャンペーンをはじめ、さまざまな活動にとり組んでいるのですが、**幸福の科学学園で「人生の目的と使命」「永遠の生命」**といった**生命の尊さ、死生観《しせいかん》を教わっていた**からこそ、これらの活動にも力を入れられていると感じます。

竜の口　そうですね。一般的にも自殺はしてはならないし、させてはならないということは言われているのですが、死後の真実を知らずに「自殺はだめ」と言っても、説得力がないんですね。なぜなら唯物論では「死んだら何も残らない。死ねば苦しみから解放される」という論理をとめられないからです。

幸福の科学学園では、「人間には魂が宿《やど》っており、魂を磨くために地上に生まれてくる。そして今世地上でやり遂げたい使命を持って生きている。ところが自殺してしまった人の魂は天上界には還《かえ》れず地上に残り、その後、地獄で反省することになる」という仏法真理を教えているから、「なぜ自殺をしてはいけないのか」が腑《ふ》に落ちるのです。

川上　宗教教育の時間にこの真理を教わりましたし、**保健体育の授業で先生が「生命の尊さ」を情熱的に語ってくださった**のを覚えています。私は、中学は一般の学校に通っていましたが、そこまでは教えてくれませんでした。

藤田　**「自殺から魂を救いたい」という強い思い**を出して自殺防止キャンペーンにとり組んでいると、自殺しようか悩んでいる人が引き寄《よ》せられてくるんですね。

先日も「仕事がうまくいかず鬱《うつ》になって、自殺しようか悩んでいる」という人が話しかけてこられました。しかも、その方は普段は一切外出されず、たまたま病院に行く際に、たまたま私たちが自殺防止キャンペーンをやっていたんです。

その後、支部で少しお話をすると、幸福の科学に入会されました。現在は、近所の信者さんと触れ合うなかで、少しずつ心の傷を癒《いや》しておられます。

一同 （拍手）。

藤田 **こちらの「魂の救済」の思いがどれだけ強いかということが大切**だと学ばせていただきました。

竜の口 きっと、藤田さんの強い「魂の救済」の願いが言魂《ことだま》となってその方に届いたのですね。

今、一般の中高では宗教の時間はありませんし、道徳の時間さえもなかなかしっかりと取れない学校もあると聞いています。けれども、「生命の尊さ」を本当の意味で知るということは、宗教でなくては教えられない部分かと思います。それに、こうしたことは、生活のなかで、「反省・瞑想《めいそう》・祈り」といった信仰生活を習慣化していくなかで実感していくものだと思います。

3. 創造性が現在の仕事に生かされている

学園の文化を一からつくり上げる

竜の口　山崎さんは、今どのような聖務をしていますか。

山崎　私は現在、メディア文化事業局で、おもに映像制作の仕事をしております。映像にはつくり手の思いや個性というものが表れてきます。たとえば、スリリングな感じが好きな人がつくれば映像もそうなっていきますし、ゆったりした人がつくったらリラックスできる映像になったりと、同じテーマでつくっても表現は人の数だけあります。

私としては、**観ている方が「神様の愛」や「人生の糧《かて》」となるような気づきを感じとれるような映像をつくりたい**と思って仕事をしております。

竜の口　クリエイティブな仕事ですね。「クリエイティブ性」といえば、山﨑さん、藤田さんをはじめ、学園の一期生の強みでもあると思います。一期生たちは一から学園の文化をつくり上げていったメンバーです。数々の伝説を残して（笑）。

藤田　そうですね。**支部の聖務においても創造性は大切な力**だと感じています。支部長の仕事には、明確な〝正解〟があるわけではありません。「主の理想実現に向け、地域の幸福のためにどのような手を打って光を広げていくか」という創造的な仕事だからです。

だから、**学園を一からつくり上げていくのはとてもありがたい経験**でした。

山﨑　そうですね。私はバスケ部だったのですが、県の試合に出るといっても、まずボールを購入することから始まり、ユニフォームを一からつくったりしなければなりません。部活一つとってもクリエイティブにならざるを得ない環境でした。顧《こ》問《もん》の先生もバスケをしたことがない方でしたので、生徒同士で知恵を絞《しぼ》ってどういう練習をしていくかといったことも決めていました。

藤田　体育祭や文化祭もそうでしたよね。体育祭で印象的に覚えているのは卒業演舞をつくったことです。ご両親や信者の皆さまに感謝を伝えるという理念をもとに昭和の曲のメドレーを踊《おど》りました。

山﨑　親御《おやご》さんたちが盛り上がれるようにモーニング娘。などの知っている曲をやりましたね。

川上　確か、体育祭は初め、「高校3年生は受験があるので出られない」ということになっていたのですが、高校3年の先輩たちが先生たちに交渉して卒業演舞をするということになったと記憶しています。

竜の口　みなさんのつくった卒業演舞は、今も伝統として残っています。

川上　「わがまま」としてではなく、**「こうしたほうが学園として良くなる」という確信があるものについての行動力**が、一期生はすごかったと思います。学校の方針を変えていっていたのを私たち後輩は見ていたので、受け身になるのではなく、**「自分たちで創造していく」という文化が学園にできていった**と思います。

山﨑　**自分たちが何かをやりたいというよりは、学園の文化・伝統として何を遺《のこ》していけるのか、あるいは何を遺すべきかということを考えて、「これはやるべきだ」というものを断行していました。**

竜の口　そうした創造性のもとにはご両親や信者の皆さまへの感謝・報恩《ほうおん》の思い、そして後輩や学園全体への思いがあったんですね。

一人ひとりの個性を発揮できる場所

川上　文化祭は、一人ひとりの個性や長所を発揮する場所でもあったと思います。先生たちも生徒たちに任《まか》せてくれていましたね。衣装《いしょう》などもすべて自分たちでつくっていました。体育祭ではなかなか自己発揮できない子も文化祭ではのびのびと個性を出していました。

竜の口　皆さんは高校から学園に入学したので、中学校は一般の学校に通っていたと思います。一般の学校と比べてみて学園の文化祭はどうでしたか。

山﨑　地元の中学校では「とりあえず参加する」という程度《ていど》で、仕事で言えば、毎回あるルーティン業務のような感じでした。それに対して**学園の文化祭は、「みんなで新しいものをつくろう」として一致団結**していきました。生徒一人ひとりが主体性《しゅたいせい》を持ち、とり組む姿勢やマインドがまったく違うと思います。

川上　ほかの学校での文化祭も確かに楽しいのですが、そのときは「自分たちが楽しむもの」という感じで、本気でとり組むという文化ではなかったですね。

山﨑　私は学園で生徒会に入っていて文化祭実行委員会にも関わっていたのです

が、**自分たちが何をしたいかというよりは、来てくださったご両親や信者の皆さまをはじめ、来場者の皆さまにいかに感動して楽しんでいただくかということを中心に据《す》えて、みんなで文化祭をどうつくっていくか**を練《ね》っていました。

竜の口　劇を観ているお客さんたちは感動で泣いている人がけっこういるんですよ。チアダンスも同じです。泣きながら観ているんですね。

藤田　確かに「**感動して泣く**」ということは一般の学校ではなかったです。

川上　学園での文化祭では、信者の皆さまの温かいまなざしを感じていました。もう他人ではないという感じです。だからこそ私たちも、信者の皆さまや先生たちへの報恩を目に見えるかたちにして伝えたいという思いで文化祭をつくっていったように思います。

4．寮生活で磨いた人間関係力

寮生活で養《やしな》った人間関係力が仕事でも生きてくる

山﨑　個性の強い仲間たちと一緒に何かをつくっていくという人間関係力も養《やしな》われたと思います。それは寮生活でも言えます。

幸福の科学学園の寮生活は、高2までは二人一部屋です。学校にいるときの姿だけではなく、私生活まで見えます。それがとても良い経験だったと感じています。たとえば、「学校ではこういう人だけど、私生活ではこんなにしっかりしているんだ」とか、逆に「学校でしっかりしているけど私生活ではだらだらしている人もいる」ということも分かります。**「本当にその人を理解する」という経験が今、仕事をしていく上でも大切な視点に**なっています。

竜の口　寮生活というのも学園生活の特徴の一つですね。寮生活がどのように仕事に生きているのですか。

山﨑　たとえば、私も二十代後半になって同僚のなかでも結婚する方も出てきたりしています。ほかの人が仕事でミスをしたときなどは、気を抜くと仕事の範囲内でのその人しか見れずに裁《さば》き心が出てしまいますが、家庭の面からその人を見ると、「今は家庭で子どもが熱を出している」といったことが分かったりして、「フォローしよう」と思えます。

そういう**想像力や人を理解する力が、学園での寮生活によって養われていった**と感じています。

川上　私も**寮生活で寛容《かんよう》さや、人を受け入れる器が広がった**と感じています。

最初の壁《かべ》は「言語」でした。まだ関西校もなかった頃だったので、生徒は全国から集まってきます。私は岡山県出身なのですが、方言が抜けなくて、通じないことが多くて結構つらかったんですね。敬語は使えたのですが、普段の会話のなかでは普通に話せませんでした。

竜の口　入学時は誰か知っている友達はいましたか。

川上　いえ、友達と言えるほどの人はいませんでした。入学前のサクセス№1の合宿などで会った人は顔を知っているという程度です。

しかし、学園では「人と違っていることは恥《は》ずかしいことではない。むしろ良いことだ」というふうに一期生をはじめ、先生方も思ってくださっていましたので、だんだん「受け入れられている」と分かってきました。だからこそ、自分もほかの人を受け入れようと思えたんですね。

竜の口　ほかの人と一緒に生活するわけなので、家庭の文化の違いでぶつかることもありましたよね。

川上　そうですね。生活のリズムも違いますし。私も迷惑をかけたこともあります。お互い迷惑をかけ合いながら成長できるのも寮生活でないとできないと思います。喧嘩《けんか》もしましたが、それも良い経験だったと思っています。学園生の場合は喧嘩をしても乗り越えていけるので、その都度、大きくなっていけるのではないかと思います。

人生観が固まる前に、人を受け入れる器を大きくできたということはとても貴重な経験でした。

喧嘩はあってもいじめに発展《はってん》しないのはなぜ？

竜の口　今、「喧嘩はした」ということを述べていましたが、喧嘩したときにどのようにして乗り越えていきましたか。

川上　そうですね。私も仲良かった子と急に話さなくなるということもありましたが、学園では夜に反省の時間を設《もう》けてくださっています。その時間に自分の心を振り返っていくと、自分のいたらなさが見えてきて、「正直にこちらの思いを伝えよう」とか、「悪いこと言っちゃったな。謝ろう」というように、自然と和解に向かっていきました。

竜の口　普通であれば、仲間割れしたらそのままのことも多いですよね。

川上　反省の時間には、やはり「**神の視点が得られる**」ということが大きかったと思います。主は個性の違う一人ひとりを愛しておられると思うので、**自分だけの視点から友人を裁くのは良くないなと気づけました。**

また、当人同士で解決できない場合には、周《まわ》りの友達が仲裁《ちゅうさい》に入ることもありましたね。周りの人は、面白《おもしろ》がるのではなく、温かい目で見守っていたという感じです。

藤田　私も最初、仲の良かった子がいたのですが、一時期、口をきかなくなったことがありました。しかし、同じ信仰を持つ仲間なので、どこかで信頼し合っているところがあるんですよね。その子とは、今でも一緒に食事をする仲です。

竜の口　自分の心を振り返る反省の時間があるのは、宗教学校ならではだと思います。仏教も現在は形骸化《けいがいか》していて、反省の本当の意味は教えられないと思います。現代人に分かるかたちで反省の意味を教えてくださっている大川隆法総裁先生の教えがあるからこそ、私たちは成長していけるのだと改めて感じさせていただきました。

5. 責任感とチャレンジ精神を大切にする校風

責任感のもとにある主のお言葉

竜の口　川上さんは今、仏法真理塾《じゅく》サクセス№1宇都宮本校の校舎長をしていると聞きました。どのように聖務に臨《のぞ》んでいますか。

川上　サクセス№1は、全国に本校と支部校を持っています。私は宇都宮本校と群馬県・栃木県・茨城県の支部校を受け持っています。週に１～２日は本校の運営をし、その他の日は新しく塾生となる人材を発掘しようと支部校を回っています。

子どもたちの魂は本当に穢《けが》れがなくて、子どもがニコッと笑うだけでみんなを幸せにできる、そんなパワーを持っているんです。**信仰を持つ子どもたちが増えれば、善の循環《じゅんかん》、幸福の循環が始まっていく**と思うんですね。逆に、そうした子どもたちが増えなければ日本の未来《みらい》は拓けないし、世界の未来も拓けないと思います。そのために支部校を回っています。

また、子どもたちだけではなく、親御さんもさまざまな悩みをお持ちなので、**「ご家庭をユートピアにしていく」ということを意識**して聖務にあたっています。

竜の口　子どもたちはみんな天使のようですよね。親御さんたちの悩みには、どのように対応していますか。

川上　サクセス№1には、もちろん信者子弟《してい》の子どもたちがいますが、最近は、信者子弟ではない子どもたちが入塾することも多くなっています。

　幸福の科学の信仰を持っているわけではないけれどサクセスに来てくれた、小学校2年生の男の子がいました。その子は、普通の学校教育からはみ出していくマイペースなタイプで、学校が受け入れてくれないということがお母さんの悩みでした。サクセスでは一人ひとりの魂の輝きを大事にしていますので、そうした子どもたちを変な目で見ることはなく、むしろ、教育のなかに子どもたちの心が曇《くも》る原因があれば、それをとり除きたいと考えます。サクセスでは、そうした子どもたちの受け皿にもなりながら、本来のその子の仏性《ぶっしょう》が輝くような教育をしていこうとしたところ、そのお母さんにも安心していただけました。

竜の口　クラスからはみ出る子は「発達障害です」とされてしまうことも多いの

ですが、それは、人間を「物」と見る唯物論からきている考え方だと思います。

幸福の科学学園やサクセス№１はそうではなく、川上さんが述べたように、一人ひとりに仏性があるという前提に立って接します。そうした目で見ると、学校教育からはみ出していく子のほうが、実は大物の可能性もありますよね。見方が全然変わってきます。

そうした学園での経験が、そのまま今の仕事に生きていますね。

川上　はい。**今の仕事はまさに学園生活の報恩行**だと思ってさせていただいています。

竜の口　校舎長になったのは入局１年目からだったでしょうか。頑張っていますね。

川上　竜の口校長や支部長をはじめ、多くの信者の皆さまに支えられて成り立っていると感じています。本当にありがとうございます。

竜の口　支部長職もそうですが、校舎一つ回していくには、やはり責任感がなくてはできない仕事だと思いますよ。

川上　大川総裁が、二期生の入学式での御法話でおっしゃった「**行蔵《こうぞう》は我にあり**」というお言葉が今でも心に残っています。思ったような結果が出ないときもありますが、**自分が責任を持ち、「自分の成すべきことを成せ」ということです。これからもこの原点を忘れずに精進《しょうじん》**してまいりたいと思います。

失敗を恐れないチャレンジ精神を磨いた

川上　また、「**失敗を恐れずに挑戦していくチャレンジ精神**」も学園で学んだことです。一期生が創造性でもってすばらしいものをつくってくださっていたので、二期生の課題はそれをどう超《こ》えていくかというチャレンジ精神が養われたと思います。

山﨑　学園の理念自体にもともとそうした文化があったからだと思います。日本的な教育だと「失敗すると恥ずかしい」という感じをみんな持っています。しかし、**学園ではみんな、失敗を前向きに捉えます**。

たとえば私は、文化祭のクラス演劇で吉田松陰《しょういん》役をやらせていただいたとき、頭が真っ白になって、言わないといけないセリフの一部を言えなかったんですね。でも、周りはそれを責めるのではなくて、ねぎらいの言葉や励《はげ》ましの言葉をかけてくれました。そして、次はどうするかというふうに失敗から成功《せいこう》の種を見つけていこうという考え方でしたね。このマインドを学べたのは大きかったと思います。

藤田　私も、**失敗そのものがどうこうではなく、失敗の原因となった「心」を見つめていくということを学びました**。「仏法真理的にはこう考えるんだよ」という先生方のアドバイスは、とてもためになりました。今でも支部で失敗したときは、そのもとにある心を見つめるということを心がけています。

川上　確かに、**失敗は悪というよりは、「成長につながるもの」**だとみんな考えていたように思います。

サクセス№1でも、〝失敗は絶対にしてはいけない〟とすると子どもたちのチャレンジ精神がなくなっていくので、チャレンジさせて、失敗してもそこから立ち上がっていくリバウンド力に重きを置くようにしていますね。

自分の聖務のなかでも、**成果が出ないときであってもリバウンドしていくという力は学園で学んだものです**。学園で過ごした3年間が今、自分に力を与えてくれているというのが正直な気持ちです。

6. 信仰心と学業修行

受験勉強も感謝・報恩の修行

竜の口　ありがとうございます。学園生活を振り返ってきましたが、高校生活の中心である学業についても聞いてみたいと思います。学園での学業修行はいかがでしたか。

山﨑・藤田　鍛《きた》えられました。

藤田　私は高1のときに英検2級を受けたのですが、二次試験の前日、夜11時まで英語の先生がマンツーマンで見てくださいました。その日は日曜だったのですが、指導しに来てくださいました。

私は中学のとき、いわゆる進学校に通っていたのですが、途中で落ちこぼれてしまって。自分に自信がなく、勉強への劣等感《れっとうかん》がありました。でも、学園で担任の先生が「藤田ならできるよ」ということをいつも言ってくださいました。その言葉だけで不思議と前に進んでいくことができたんですよね。

川上　高1で英検2級を受けること自体すごいと思います。実は私も学園は補欠合格だったので、学業に対して劣等感がありました。

藤田さんの言われた通り、先生からの言葉で頑張れたところがあると思います。「受験はあなたたちの正念場《しょうねんば》である。この正念とは八正道（※）の正念と同じで、志《こころざし》を固めてやり抜くことが大切だ」と話してくださいました。

また、勉強の結果がなかなか出なかった時期に先生を避《さ》けていたことがありました。あるとき見つかって、怒られるのかと思ったら「川上さんはとても頑張っているよ。もっと自分をほめてあげて」と言われて。私自身、自分のことをだめだと思っていたのですが、自分以上に自分のことを見てくださる先生方がいるんだということがとてもうれしかったのを覚えています。その先生方の言葉に支えられて受験を乗り切れたと思います。

竜の口　皆さん本当によく頑張っていたと思います。授業はどうでしたか。

川上　**英語と数学に関しては習熟度別《べつ》の授業が行われていた**ので、授業にはついていけました。中学までの勉強は苦しみながらやっているイメージでしたが、学園

※**八正道**　釈迦の説いた反省法。「正見・正思・正語・正業・正命・正精進・正念・正定」の八つからなる。『仏陀の証明』『八正道の心』（共に幸福の科学出版刊）等参照。

に入ってからそれが変わりました。**大川総裁が「鉛筆《えんぴつ》一本で戦え」**とおっしゃっていましたし、**学業で成果を上げることが一番の感謝・報恩行であると**思っていたので、「諦《あきら》めたくない」という思いがありました。そうして勉強しているうちに、**最初は底辺だった成績もやればやるほど伸びてきて、成長する幸福というものを得ることができました。**

竜の口　みんな必死で勉強していましたね。

川上　二期生は、一期生の姿を見ていたということが大きかったと思います。受験の成果を出して、主、そして信者の皆さまへの報恩行とするという志が固まっていくのが傍《そば》から見ていても伝わってきました。食事のときもみんな目の色を変えて単語帳を読んでいましたし、部活の合間にも読んでいたのを覚えています。

藤田　確かにそうでした。食事のときも勉強していましたし、歩きながらでも単語帳に食らいついていましたね。主と信者の皆さまの期待にどう応《こた》えていくかということを考えていましたので、みんな必死で勉強していました。

川上　二期生のときは、ありがたくも**受験プロジェクト**というものができて、希《き》望《ぼう》者は学校の勉強以外に受験の勉強を教えてくださる担当の先生がいました。そのプロジェクトでは、**受験だけではなく信仰教育の時間も設けてくださっていました。勉強すれば勉強するほど、勉強を続けていくには信仰心が必要だという結論にいたりました。**

私は岡山大学を受験したのですが、判定はずっとＥ判定でした。普通の高校だったら諦めて別の志望校を受けるように指導されると思いますが、学園では最後まで挑戦できました。受かったのは奇跡だと思います。

学園に入っていなかったら、岡山大学には合格できなかったと思います。

受験がゴールではない

山﨑　私は学園で、**勉強のための勉強ではなく、勉強する姿勢そのものを学ばせていただいた**と思っています。実際に今、仕事をするようになって感じるのは、ある意味では仕事の仕方を教わることはほとんどないということです。自分から学んでいかないといけないし、求められている能力を本などで自分で勉強して身につけていかなければいけないと思います。そういう意味で、学園時代に**仕事の基礎を教わった**と思っています。

川上　知らず知らずのうちに**人格を練っていただいていました**ね。

山﨑　学園では「知識を詰め込んで終わり」ではなく、その知識を得たあと、「私たちはどのように生きるべきか」ということを教えてくださるんですよね。

藤田　そうですね。今、思い出してみてもみんな「志」を立てて勉強に臨んでいました。勉強してどのように社会のお役に立っていくかということが受験のスタート点にあるので、一般の学校とはまったくスタート点から違うと思います。

川上　私は、**探究創造科で志が練られた**と思います。私は政治《せいじ》ゼミで、「徳ある政治家」について探究しました。探究していくなかで政治家への思いが高まっていって、卒業するまで「**智**《ち》**・仁**《じん》**・勇**《ゆう》**を兼ね備**《そな》**えた徳ある政治家になる**」ということを志として立てていました。

竜の口　山﨑さんは何のゼミでしたか。

山﨑　私は未来産業について調べるゼミでした。

竜の口　どんな発見がありましたか。

山﨑　いえ、それが大きな発見はありませんでした。

一同　（笑）。

山﨑　もちろん大きな発見があれば良かったのですが、どちらかというと「**探究する力**」そのものを学ばせていただいたと思います。**自分で自主的に調べて勉強していくこと自体が、学生時代ではなかなかできない貴重な体験**でした。

竜の口　**探究そのものが大切な学び**なのでしょうね。「**探究創造科**」**は、幸福の科学学園がモデルの一つと**なって、今、栃木県那須町の小・中学校にも、とり入れられているんですよ。きっかけは、那須町の教育長が学園の探究創造科の発表会を見学に来られたことから始まりました。

通常、受験指導においては「合格がゴール」という考え方で、３年間でいかに効率よく受験勉強させて現役合格させるかということが中心になっています。でも、それだけで終わらないのが幸福の科学学園の大きな特徴です。**探究そのものの姿勢を持っていることが10年後、20年後、その後の人生を生きていくときに大きな違いとなって現われてくる**と思います。

また、もちろん受験勉強はしっかりやりますが、受験勉強を通して、みなさんが言ってくれたように**信仰心や人格、志を磨いていく**というところがありますね。幸福の科学学園では宗教教育の時間に仏法真理を学ぶ時間もありますが、それだけではなく、**ほかの時間もすべて信仰教育・宗教教育の時間である**と思います。

7．高貴《こうき》なる義務《ぎむ》を果たすために

竜の口　では最後に、これからも高貴なる義務を果たしていくための決意をお願い致します。

藤田　総裁先生のお言葉に「**社会のお役に立って初めて学園の卒業生になれる**」というものがあります。支部長職は救世運動の最前線であり、主の愛や光を地域にお届けする責任があります。地域のユートピア化に責任を持ち、光を広げられる支部長となってまいります。

私の人生に幸福の科学学園はなくてはならないものでした。使命を果たすためのレールに乗せてくださったことに心より感謝しております。

総裁先生は「**学園生は宝物だ**」とおっしゃってくださいました。卒業した今でも、主の宝物の一つでありたいと思っていますし、少しでも主の希望となれるように、これからも**地上ユートピア建設の使命に邁進《まいしん》**してまいります。

川上　私は幸福の科学学園の教育に育てていただき、数多くの信者の皆さまに支えていただいて学園生活を送らせていただきました。**その感謝・報恩行として、できることは何でもさせていただきたい**と思っております。

幸福の科学学園ができると聞いたとき、初めて行きたい学校が見つかりました。総裁先生が学園の理念を語ってくださったとき、本当に感動して、こんなすばらしい思いを持った方が創られた学園に行きたいと思い、入学をお許しいただき、3年間学ぶことができました。総裁先生は「学園生は宝物」とおっしゃってくださいましたが、**総裁先生が創ってくださった学園生活こそが、私の宝物**です。**人生という大空を飛ぶための翼《つばさ》を与えてくださった総裁先生に感謝の思いでいっぱい**です。主が私にそうしてくださったように、私自身も子どもたちに信仰のすばらしさを伝え、人生の翼を与えられるよう、精進してまいります。

山﨑　先生方や信者の皆さまからの「将来、世の中のお役に立つ人たちだから支えよう」という大いなる愛のなかで学生生活を送らせていただきましたので、**小さな自分で終わるような生半可《なまはんか》な気持ちではいけない**と自分を引き締めております。人格と技術を両立させた人材となってお役に立つべく、今後も自分を磨いていきたいと思います。

幸福の科学学園では、自分の可能性や本当の自分というものに気づかせていただきました。また、初年度から何回も足を運んでいただいた総裁先生に心から感謝しかございません。

学園での御法話が所収されている経典《きょうてん》『真のエリートを目指して』を今でも年に何回かひも解いているのですが、そのなかにこのような一節があります。

みなさんは、今、十代の前半あるいは中盤《ちゅうばん》ぐらいの年齢《ねんれい》ですから、おそらくみなさんの大半は、今から約《やく》七十年後にも、まだ生きておられることでしょう。私はそのように希望しています。

今から七十年後には、西暦《せいれき》二〇八一年という年がやってきます。それは、「大川隆法　大悟《たいご》の年」である一九八一年から、ちょうど百年後です。（中略）

七十年後のみなさんの目には、何が見えているでしょうか。幸福の科学は見事に使命を果たしているでしょうか。（中略）

二十一世紀《せいき》の終わりが近づき、二十二世紀が見える寸前《すんぜん》まで生きるであろう、みなさんの目に映る未来社会を、私も見てみたいと思っています。

『真のエリートを目指して』１５９～１６０ページ

総裁先生がいらっしゃらなかったら、このような高尚《こうしょう》な魂の喜びを得られることはありません。**主と同じ夢を見ながらそのお手伝いをさせていただけることに感謝**しかありません。**総裁先生が見つめておられる未来社会を手繰《たぐ》り寄せられる**

ような実力をつけて、光を弘めていく使命を果たしていきたいと思います。

竜の口　皆さま、力強い決意を語っていただき、ありがとうございました。これからも、「高貴なる義務を果たせ」を合言葉に報恩の人生を歩んでいきましょう！

8．対談を終えて

竜の口　幸福の科学学園の卒業生たちは、寮生活や勉強、部活動その他を通じて、さらに親元を離れてそうとう鍛え上げられていると思うので、自信を持ってほしいと思います。

そして、学生時代に描《えが》いた志や夢を、かたちあるものにしていき、創立者・大川総裁が教えてくださった「夢は叶う」を実証してほしいです。その志が「高貴なる義務を果たす」ことにつながることを忘れず、仕事につなげていってほしいです。

どんな分野《ぶんや》でも良いです。宗教家でも、政治家でも、芸能界でも、起業しても、教育者でも、今はまだ、この世に存在していないお仕事を生み出すのもいい。それぞれが、エル・カンターレ文明の「花」です。私は「幸福の科学学園は何をしているところか」と尋《たず》ねられたら「文明を一個創っています」と答えます。新しいエル・カンターレ文明の源流にいる中核人材こそ、幸福の科学学園生一人ひとりです。皆さんも、「文明を一個創るんだ」という気概《きがい》で、各界で影響力を持つところまで、突き進んでほしいです。私もまだまだ走り続けます。一緒にエル・カンターレ文明を創造しましょう!!

あとがき

2020年3月1日、高校卒業式（高校第8期生）が行われました。

私が校長に就任《しゅうにん》してからの初めての卒業式。卒業証書授与《じゅよ》のため、私は壇上《だんじょう》に上がりました。担任が呼名《こめい》し、一人ひとりが起立します。真正面《ましょうめん》を見ている生徒と、生徒の方を向いた私。一人ひとりと目が合っていきます。ふと、同じ記念講堂に新入生として入場してきた中学1年生、高校1年生だった頃の顔がよみがえってきました。顔つきや背丈は、もちろん変わりました。

しかし、もっと大きく変化したものは、「心」でしょう。創立者の大川隆法総裁先生は、「教育には魔法《まほう》のような力がある」と教えてくださいました。ここにいる生徒全員が地元の中学、高校に進学する選択肢もあったのに、親元離れて寮に入り、学園で過ごし、別人のように大きく変わっていったのです。もし学園がなかったら、この子たちの人生は違うものになっていたと思います。改めて、幸福の科学学園を創立してくださった総裁先生には感謝しかありません。

この3月1日で、那須本校、関西校合わせ、合計1274人の卒業生が輩出《はいしゅつ》されました。そして、約1ヶ月後の4月7日、新年度が始まり、新入生を迎えました。ちょうど入学式当日、中国発の新型コロナウィルスによる緊急事態宣言が政府から出されました。全世界が未知の恐怖と直面していくなか、学園生たちは決して心揺らすことなく、学業修行を続けてきました。こうした生徒たちを待ち受けるのは、新型コロナに象徴されるような厳しい試練のなかを、鋼鉄のような精神で、生き抜き、人類に勇気や希望を与え、新時代を切り拓くという未来です。その使命も責任も期待も、どれほど大きなものでしょうか。

しかし、世界中の人々と、目に見えない天使たちが、あなたを支え、育み、愛してくださったことを決して忘れないでください。

そして今も変わらず、どんなときも応援し続けてくださる主の慈悲《じひ》を信じ、力に変え、勇気をもって飛び立ってほしい‼

世界に羽ばたけ!! 大鷲《おおわし》たちよ。

幸福の科学学園は、開校10年を超えて、また、新たな出発をします。「永遠に進化する学園」を目指し、これからも皆さまとともに発展を続けてまいります。支えてくださったすべての方々に感謝申し上げます。

2020年5月17日　　幸福の科学学園中学校・高等学校校長　竜の口法子

大川隆法著作参考経典

『太陽の法』（幸福の科学出版刊）
『黄金の法』（同右）
『永遠の法』（同右）
『真のエリートを目指して』（同右）
『夢は叶う』（同右）
『教育の法』（同右）
『教育の使命』（同右）
『心を育てる「徳」の教育』（同右）
『道なき道を歩め』（ＨＳＵ出版会刊）
『光り輝く人となるためには』（同右）

『幸福の科学学園生徒心得』

学園創立者　大川《おおかわ》　隆法《りゅうほう》

一、常《つね》に信仰心《しんこうしん》を大切《たいせつ》にし、目上《めうえ》の者やお互《たが》いに対《たい》する礼儀《れいぎ》の心を忘れないこと。

二、他人《ひと》への悪口《わるくち》、不平不満《ふへいふまん》、愚痴《ぐち》を抑《おさ》え、自《みずか》らの心を磨《みが》くことをまず心がけること。

三、あなたを取りまく環境《かんきょう》は、あなた自身《じしん》の心の鏡《かがみ》に映《うつ》った世界である。あなたが善人《ぜんにん》になれば、周《まわ》りは善人ばかりになり、あなたが素晴《すば》らしくなれば、周りも素晴らしくなってくる。

四、仏《ほとけ》の子としての自覚《じかく》を持て。自分が生かされていることに対し感謝《かんしゃ》の心を忘れず、自助努力《じじょどりょく》、精進《しょうじん》、慈悲《じひ》の心、寛容《かんよう》の心、調和《ちょうわ》の心を創《つく》り上げていけ。

五、常に明るく、積極的《せっきょくてき》で、建設的《けんせつてき》な考え方を持て。その考え方が、仏国土《ぶっこくど》・ユートピアへの道を開《ひら》くのだ。

六、困《こま》っている人を見ては助け、悲しんでいる人を見てはなぐさめ、苦しんでいる人を見つけては、共《とも》に考え、励《はげ》ましていこう。

七、皆《みな》で一丸《いちがん》となって、素晴《すば》らしい学園を創《つく》っていくよう、努力《どりょく》、協力《きょうりょく》しよう。自己《じこ》中心《ちゅうしん》の人間にならず、力を合わせて、素晴らしい夢を創造《そうぞう》し、実現《じつげん》してゆこう。

以上

主な進学実績

幸福の科学学園中学校・高等学校

ハッピー・サイエンス・ユニバーシティ　463名／東京大学　16名／京都大学　3名／一橋大学　1名／東北大学　2名／東京工業大学　3名／名古屋大学　2名／大阪大学　6名／九州大学　3名／神戸大学　5名／東京外国語大学　1名／横浜国立大学　4名／筑波大学　9名／お茶の水女子大学　3名／慶応義塾大学　15名／早稲田大学　147名／上智大学　15名／明治大学　59名／立教大学　9名／青山学院大学　29名／中央大学　31名／法政大学　24名／関西大学　11名／立命館大学　16名／学習院大学　8名／駒沢大学　34名／獨協大学　6名／麻布大学　2名／医学部医学科　5名（ほか多数）

幸福の科学学園関西中学校・高等学校

ハッピー・サイエンス・ユニバーシティ　384名／東京大学　2名／京都大学　2名／滋賀医科大学　1名／香川大学医学部　1名／大阪大学　7名／お茶の水女子大学　1名／名古屋大学　3名／九州大学　1名／神戸大学1名／北海道大学　1名／東京外国語大学　1名／東京学芸大学　1名／横浜国立大学　1名／早稲田大学　39名／慶應義塾大学　1名／東京理科大学　5名／国際基督教大学　1名／同志社大学　70名／立命館大学　19名／関西大学　27名／関西学院大学　21名／学習院大学　3名／明治大学　7名／青山学院大学　8名／立教大学　1名／中央大学　3名／法政大学　2名／医学部医学科　3名（上記含む）（ほか多数）

※合格者数は、那須本校は10年累計、関西校は7年累計。

主な英検合格実績

幸福の科学学園中学校・高等学校

1級　5名／準1級　33名／2級　411名

（準2級以下合格者多数）

幸福の科学学園関西中学校・高等学校

1級　2名／準1級　21名／2級　216名

（準2級以下合格者多数）

※合格者数は、那須本校は10年累計、関西校は7年累計。

チアダンス部（中学）

☆世界チアダンス選手権（アメリカ・フロリダ） 優勝
☆ダンスドリル世界大会（アメリカ・ロサンゼルス） 優勝（2回）、準優勝
☆ USA ナショナルズ全国大会　優勝（6回）
☆ JCDA 全日本チアダンス選手権全国大会　優勝
☆中学校ダンスドリル選手権全国大会　優勝（2回）
☆ダンスドリルウィンターカップ全国大会　優勝（5回）

チアダンス部（高校）

☆ダンスドリル世界大会（アメリカ・ロサンゼルス） 準優勝
☆アメリカンダンスドリル世界大会（アメリカ・ダラス） 第3位
☆ USA ナショナルズ全国大会　優勝
☆高等学校ダンスドリル選手権全国大会　優勝、準優勝（2回）、第3位（2回）
☆ダンスドリルウィンターカップ全国大会　準優勝
☆ JCDA 全日本チアダンス選手権全国大会　第3位

吹奏楽部

☆東関東吹奏楽コンクール　銅賞
☆全日本中学生・高校生 管打楽器ソロコンテスト　優秀賞
☆関東甲信越支部大会 中学生・高校生管打楽器ソロコンテスト　優秀賞（2回）、最優秀賞
☆東邦音大 中学生・高校生のための日本管弦打楽器ソロ・コンテスト　金賞
☆ SHOBI 高校生ソロコンテスト　優良賞

高校野球部

○栃木県高等学校野球大会　ベスト８
○県北・高根沢親善高等学校野球大会　優勝（２回）

中学テニス部

☆関東中学生新人テニス選手権大会　団体出場
☆関東中学生テニス選手権大会　シングルス出場
☆関東中学生テニス選手権大会　団体出場
○栃木県中学生テニス選手権大会　女子団体戦優勝、関東大会出場
○栃木県中学生テニス選手権大会　男子団体戦優勝、関東大会出場
○ MUFG ジュニアテニストーナメント選手権大会　シングルス第３位

高校テニス部（男子）

☆関東高等学校テニス大会　団体出場、シングルス出場
☆全国高等学校テニス選手権大会　シングルス出場（２回）
☆全国高校総体　団体３位、シングルス準優勝、３位、ダブルス３位
○栃木県高等学校新人テニス大会　団体３位、シングルス準優勝、３位
○栃木県高校総体　団体３位、シングルス準優勝、ダブルス３位

高校テニス部（女子）

☆関東高等学校テニス大会　団体出場
☆全国高等学校テニス選手権大会　ダブルス出場
☆関東選抜高校テニス大会　ダブルス出場
○栃木県高校総体　団体優勝、3位、ダブルス準優勝
○全国高校総体県予選　団体準優勝、3位（2回）、ダブルス優勝、3位（3回）
○栃木県高等学校新人テニス大会　団体準優勝（2回）、ダブルス優勝
○新人大会　女子団県大会2位　関東大会出場

弓道部

○全国高等学校弓道選抜大会県予選会　女子団体の部第3位
○栃木県高等学校新人弓道大会　女子個人の部優勝

水泳部

☆中学総体　男子自由形50m県大会7位　関東大会出場
☆中学総体　男子自由形100m県大会9位　関東大会出場
○関東高等水泳競技大会　栃木県予選会　100m自由形　第8位入賞、関東大会出場
○栃木県中学校新人大会中学男子50メートル自由形　第2位、県大会4位

剣道部

○栃木県高等学校体育連盟北部支部剣道新人大会　男子団体第3位

○栃木県高等学校体育連盟北部支部総合体育大会剣道大会
男子団体第３位（２回）

陸上競技部

○栃木県中学校体育大会陸上競技大会　200ｍ　県大会出場

バスケットボール部

○全国高等学校バスケットボール選抜優勝大会栃木県予選
ベスト16

かるた部

☆小倉百人一首かるた全国中学生選手権大会（団体戦）　出場
○蓮生記念全国競技かるた宇都宮大会　Ｄ級優勝

書道部

☆全国教育書道展　奨励賞／栃木県書写書道教育研究会主催
書地区展　金賞、銀賞

演劇部

○那須地区芸術祭　中学生の部　特選トロフィー賞　栃木県
学校演劇祭出場
○県北地区演劇大会出場　優秀賞（２回）
○栃木県高校総文祭演劇研究大会出場（２回）　生徒講評委
員賞受賞

鉄道研究部

☆全国高等学校鉄道模型コンテストモジュール部門

※その他コンクール等

●第１回「春の映画甲子園」　優秀賞

●栃木県人権啓発 CM コンテスト　優秀賞

●栃木県メディア芸術コンテスト　最優秀賞、優秀賞

●幸福の科学ユートピア文学賞　2016 U-18 優秀賞、2017 U-18 優秀賞、2018 U-18 優秀賞、2019 U-18 優秀賞

ダンス部

☆全国中学校・高等学校ダンス部選手権　全国大会出場（2回）

☆全日本高等学校チームダンス選手権大会　全国大会出場

☆ Miss Dance Drill Team USA/International　世界大会（中学）準優勝、第3位

☆ American DanceDrill Team International 世界大会（高校）部門第5位

☆ American DanceDrill Team International世界大会（高校）SOLO部門優勝

☆ USA Nationals 全国選手権大会　USA School＆College Nationals（中学）部門第4位

☆全国中学校ダンスドリル選手権大会　全国大会　部門優勝（5回）、団体総合第11位

☆全国高等学校ダンスドリル選手権大会　全国大会　部門準優勝（2回）、第6位、ソロ部門第5位、第9位

☆全国中学校ダンスドリル冬季大会　全国大会　部門優勝（3回）、部門準優勝（2回）、団体総合第3位

☆全国高等学校ダンスドリル冬季大会　全国大会　部門準優勝（3回）、第3位（2回）、ソロ部門優勝（2回）、第3位

○西日本中学校ダンスドリル競技大会　部門優勝（2回）、中学団総合優勝

○西日本高等学校ダンスドリル競技大会　部門準優勝

○ USA Regionals 愛知大会（高校）第3位（全国大会出場権獲得）

【凡例】☆：全国大会／○：地方大会（近畿大会もしくは県大会より上位）／●：県大会

合唱部

☆瀧廉太郎記念全日本高等学校声楽コンクール　全国大会出場（2回）
☆全日本ジュニアクラシック音楽コンクール　ピアノ部門　奨励賞、入選（3回）
☆東京国際声楽コンクール　高校3年生・卒業生部門　第5位
☆東京国際声楽コンクール　高校生アンサンブル部門　第3位、奨励賞（3回）、入選（2回）
☆全日本ジュニアクラシック音楽コンクール　声楽部門　審査委員賞（5回）、奨励賞（4回）、第4位、第5位、入選（2回）
●滋賀県高等学校総合文化祭 合唱部門　第1位（2回）、独唱部門　第1位（2回）、第2位、奨励賞（3回）、重唱部門　奨励賞
● MBSこども音楽コンクール　中学校合唱部門優秀賞

吹奏楽部

☆日本管楽合奏コンテスト高等学校A部門　予選優秀賞（3回）、全国大会優秀賞
☆中部日本個人・重奏コンテスト本大会・高等学校重奏の部　銀賞
○関西吹奏楽コンクール高等学校小編成の部　銅賞
●滋賀県吹奏楽コンクール　高等学校小編成の部　金賞（5回）、銀賞
●滋賀県アンサンブルコンテスト　高等学校の部　金賞（4回）、銀賞、銅賞（2回）

【凡例】☆：全国大会／○：地方大会（近畿大会もしくは県大会より上位）／●：県大会

●中部日本吹奏楽コンクール滋賀県大会　金賞、ハートフル賞（2回）、銀賞（2回）
●中部日本個人・重奏コンテスト滋賀県大会　金賞（7回）銀賞（4回）、銅賞

室内楽部

☆全日本ジュニアクラシック音楽コンクール　弦楽器の部　入選（2回）
● MBS こども音楽コンクール　中学校重奏部門　優秀賞

未来科学部

☆ WROJapan 決勝大会　第3位
☆ロボカップジュニア・ジャパンオープン（全国大会）出場
○ロボカップジュニア京滋奈ブロック大会　第3位（2回）
● WRO 京都大会　部門優勝　部門準優勝
●ロボカップジュニアジャパン京都ノード大会　優勝、準優勝（2回）
●ロボカップジュニアビワコオープン　優勝

バドミントン部

○近畿高等学校バドミントン選手権大会滋賀県予選会 女子シングルス 第3位、ベスト8
○近畿高等学校バドミントン選手権大会　女子シングルス ベスト 32
○全国選抜近畿地区予選大会（滋賀県第２代表）女子シングルス出場

【凡例】☆：全国大会／○：地方大会（近畿大会もしくは県大会より上位）／●：県大会

☆全日本中学生バドミントン選手権大会（都道府県対抗）
全国大会予選リーグ　第２位（団体ダブルス出場）

☆日本バドミントンジュニアグランプリ　滋賀県選考会ダブルス　優勝、全国大会出場

●滋賀県中学校総合体育大会　バドミントン競技　女子シングルス第３位

●滋賀県総合バドミントン大会　一般女子ダブルスＢ　優勝、中３以下女子シングルス　優勝

●滋賀県クラス別バドミントン選手権大会 女子シングルスＡ
優勝、女子ダブルスＢ優勝　女子シングルスＥ　ベスト４

●滋賀県高等学校総合体育大会　女子シングル　スベスト８（２回）

●滋賀県ジュニアバドミントン選手権大会女子シングルスＡ　優勝

剣道部

●滋賀県中学校総合体育大会　男子団体県ベスト 16（２回）

●滋賀県高等学校総合体育大会　男子団体県ベスト 16（３回）

・大津市民剣道大会高校女子個人の部　優勝

・滋賀県中学校総合体育大会第２ブロック　中学男子個人の部第３位

かるた部

●滋賀県高等学校小倉百人一首かるた大会 C 級第４位、D 級優勝

●高松宮記念杯近江神宮全国競技かるた大会 E1a 級 第３位

【凡例】☆：全国大会／○：地方大会（近畿大会もしくは県大会より上位）／●：県大会

陸上競技部

☆国民体育大会　少年A女子100m出場　4×100mリレー（滋賀県チーム）出場

●滋賀県高等学校総合体育大会陸上競技の部　女子走高跳第1位、女子200m　第2位（2回)、第6位、女子100m第2位

●滋賀県民体育大会　陸上競技高等学校の部　女子200m第3位

●滋賀県高等学校ユース陸上競技対校選手権大会　2年女子100m第1位、2年女子200m第1位、2年女子走高跳第1位、1年女子走高跳第1位

ソフトボール部

○国民体育大会　滋賀県少年女子　強化選手（3回)

・滋賀県中学校総合体育大会　準優勝、ベスト8（2回)

空手部

☆全国道場選抜空手道大会　第5位

○近畿ブロックスポーツ少年団空手道交流大会　準優勝

軽音楽同好会

・Sound Stage高校・中学校軽音楽倶楽部コンクール　準グランプリ

【凡例】☆：全国大会／○：地方大会（近畿大会もしくは県大会より上位）／●：県大会

※その他コンクール等

☆模擬国連（全国大会）出場

●「私たちと北方領土」作文コンクール　優秀賞（2回)、入選（2回)

●スイーツ甲子園　近畿北陸Bブロック大会　出場

●アテレコ甲子園　阪口大助賞（審査員賞）

●ディベート甲子園近畿・北陸地区予選　奨励賞

●幸福の科学ユートピア文学賞　2016 U-18優秀賞、2018 U-18優秀賞

著者＝ 竜の口法子（たつのくち・のりこ）

1969年静岡生まれ。文教大学文学部卒業。1994年宗教法人幸福の科学に入局。広報局、支部長、人事局、学生部担当、専務理事、幸福の科学出版（株）副社長、学校法人幸福の科学学園宗教教育担当などを歴任し、2019年4月より幸福の科学学園那須本校校長。

教育革命への挑戦

幸福の科学学園の10年を振り返って

2020年 6月 2日 初版第1刷
2021年12月17日 第2刷

著者 竜の口 法子

発行 幸福の科学出版株式会社
〒107-0052 東京都港区赤坂2丁目10番8号
TEL（03）5573-7700
https://www.irhpress.co.jp/

印刷・製本 株式会社 研文社

落丁・乱丁本はおとりかえいたします

ISBN978-4-8233-0183-4 C0037

大川隆法 著作 ――理想の教育を目指して――

教育の法

信仰と実学の間で

深刻ないじめ問題の実態と解決法や、尊敬される教師の条件、親が信頼できる学校のあり方など、教育を再生させる方法が示される。

1,800円

教育の使命

世界をリードする人材の輩出を

わかりやすい切り口で、幸福の科学の教育思想が語られた一書。いじめ問題や、教育荒廃に対する最終的な答えが、ここにある。

1,800円

幸福の科学学園の未来型教育

「徳ある英才」の輩出を目指して

幸福の科学学園の大きな志と、素晴らしい実績について、創立者が校長たちと語りあった――。未来型教育の理想がここにある。

1,400円

※表示価格は本体価格(税別)/幸福の科学出版

幸福の科学グループのご案内

宗教、教育、政治、出版などの活動を通じて、地球的ユートピアの実現を目指しています。

幸福の科学

一九八六年に立宗。信仰の対象は、地球系霊団の最高大霊、主エル・カンターレ。世界百カ国以上の国々に信者を持ち、全人類救済という尊い使命のもと、信者は、「愛」と「悟り」と「ユートピア建設」の教えの実践、伝道に励んでいます。

（二〇二〇年五月現在）

愛

幸福の科学の「愛」とは、与える愛です。これは、仏教の慈悲《じひ》や布施《ふせ》の精神と同じことです。信者は、仏法真理をお伝えすることを通して、多くの方に幸福な人生を送っていただくための活動に励んでいます。

悟り

「悟り」とは、自らが仏の子であることを知るということです。教学《きょうがく》や精神統一によって心を磨き、智慧《ちえ》を得て悩みを解決すると共に、天使・菩薩《ぼさつ》の境地を目指し、より多くの人を救える力を身につけていきます。

ユートピア建設

私たち人間は、地上に理想世界を建設するという尊い使命を持って生まれてきています。社会の悪を押しとどめ、善を推し進めるために、信者はさまざまな活動に積極的に参加しています。

国内外の世界で貧困や災害、心の病で苦しんでいる人々に対しては、現地メンバーや支援団体と連携して、物心両面にわたり、あらゆる手段で手を差し伸べています。

年間約２万人の自殺者を減らすため、全国各地で街頭キャンペーンを展開しています。

公式サイト **www.withyou-hs.net**

ヘレン・ケラーを理想として活動する、ハンディキャップを持つ方とボランティアの会です。視聴覚障害者、肢体不自由な方々に仏法真理を学んでいただくための、さまざまなサポートをしています。

公式サイト **www.helen-hs.net**

入会のご案内

幸福の科学では、大川隆法総裁が説く仏法真理《ぶっぽうしんり》をもとに、「どうすれば幸福になれるのか、また、他の人を幸福にできるのか」を学び、実践しています。

入会

仏法真理を学んでみたい方へ

大川隆法総裁の教えを信じ、学ぼうとする方なら、どなたでも入会できます。入会された方には、『入会版「正心法語《しょうしんほうご》」』が授与されます。

ネット入会　入会ご希望の方はネットからも入会できます。

happy-science.jp/joinus

三帰《さんき》誓願《せいがん》

信仰をさらに深めたい方へ

仏弟子としてさらに信仰を深めたい方は、仏《ぶっ》・法《ぽう》・僧《そう》の三宝《さんぼう》への帰依を誓う「三帰誓願式」を受けることができます。三帰誓願者には、『仏説・正心法語』『祈願文《きがんもん》①』『祈願文②』『エル・カンターレへの祈り』が授与されます。

幸福の科学 サービスセンター

TEL 03-5793-1727

受付時間／
火～金：10～20時
土・日祝：10～18時
（月曜を除く）

幸福の科学 公式サイト

happy-science.jp

ハッピー・サイエンス・ユニバーシティ
Happy Science University

ハッピー・サイエンス・ユニバーシティとは

ハッピー・サイエンス・ユニバーシティ（HSU）は、大川隆法総裁が設立された「現代の松下村塾」であり、「日本発の本格私学」です。建学の精神として「幸福の探究と新文明の創造」を掲げ、チャレンジ精神にあふれ、新時代を切り拓く人材の輩出を目指します。

人間幸福学部　経営成功学部　未来産業学部

HSU長生キャンパス TEL 0475-32-7770
〒299-4325 千葉県長生郡長生村一松丙 4427-1

未来創造学部

HSU未来創造・東京キャンパス
TEL 03-3699-7707
〒136-0076 東京都江東区南砂2-6-5　公式サイト happy-science.university

学校法人 幸福の科学学園

学校法人 幸福の科学学園は、幸福の科学の教育理念のもとにつくられた教育機関です。人間にとって最も大切な宗教教育の導入を通じて精神性を高めながら、ユートピア建設に貢献する人材輩出を目指しています。

幸福の科学学園
中学校・高等学校（那須本校）
2010年4月開校・栃木県那須郡（男女共学・全寮制）
TEL 0287-75-7777 公式サイト happy-science.ac.jp

関西中学校・高等学校（関西校）
2013年4月開校・滋賀県大津市（男女共学・寮及び通学）
TEL 077-573-7774 公式サイト kansai.happy-science.ac.jp

仏法真理塾「サクセスNo.1」

全国に本校・拠点・支部校を展開する、幸福の科学による信仰教育の機関です。小学生・中学生・高校生を対象に、信仰教育・徳育にウエイトを置きつつ、将来、社会人として活躍するための学力養成にも力を注いでいます。

TEL 03-5750-0751（東京本校）

エンゼルプランV TEL 03-5750-0757

幼少時からの心の教育を大切にして、信仰をベースにした幼児教育を行っています。

不登校児支援スクール「ネバー・マインド」 TEL 03-5750-1741

心の面からのアプローチを重視して、不登校の子供たちを支援しています。

ユー・アー・エンゼル！（あなたは天使！）運動

一般社団法人 ユー・アー・エンゼル TEL 03-6426-7797

障害児の不安や悩みに取り組み、ご両親を励まし、勇気づける、障害児支援のボランティア運動を展開しています。

NPO活動支援

学校からのいじめ追放を目指し、さまざまな社会提言をしています。また、各地でのシンポジウムや学校への啓発ポスター掲示等に取り組む一般財団法人「いじめから子供を守ろうネットワーク」を支援しています。

公式サイト mamoro.org ブログ blog.mamoro.org

相談窓口 TEL.03-5544-8989

百歳まで生きる会

「百歳まで生きる会」は、生涯現役人生を掲げ、友達づくり、生きがいづくりをめざしている幸福の科学のシニア信者の集まりです。

シニア・プラン21

生涯反省で人生を再生・新生し、希望に満ちた生涯現役人生を生きる仏法真理道場です。定期的に開催される研修には、年齢を問わず、多くの方が参加しています。全世界212カ所（国内197カ所、海外15カ所）で開校中。

【東京校】TEL 03-6384-0778 FAX 03-6384-0779

メール senior-plan@kofuku-no-kagaku.or.jp

幸福実現党

内憂外患《ないゆうがいかん》の国難に立ち向かうべく、2009年5月に幸福実現党を立党しました。創立者である大川隆法党総裁の精神的指導のもと、宗教だけでは解決できない問題に取り組み、幸福を具体化するための力になっています。

幸福実現党 釈量子サイト **shaku-ryoko.net**

Twitter **釈量子@shakuryoko**で検索

党の機関紙
「幸福実現党NEWS」

幸福実現党 党員募集中

あなたも幸福を実現する政治に参画しませんか。

○幸福実現党の理念と綱領、政策に賛同する18歳以上の方なら、どなたでも参加いただけます。

○党費:正党員(年額5千円[学生 年額2千円])、特別党員(年額10万円以上)、家族党員(年額2千円)

○党員資格は党費を入金された日から1年間です。

○正党員、特別党員の皆様には機関紙「幸福実現党NEWS(党員版)」(不定期発行)が送付されます。

＊申込書は、下記、幸福実現党公式サイトでダウンロードできます。

住所:〒107-0052 東京都港区赤坂2-10-8 6階 幸福実現党本部

TEL **03-6441-0754** FAX **03-6441-0764**

公式サイト **hr-party.jp**

幸福の科学出版

大川隆法総裁の仏法真理の書を中心に、ビジネス、自己啓発、小説など、さまざまなジャンルの書籍・雑誌を出版しています。他にも、映画事業、文学・学術発展のための振興事業、テレビ・ラジオ番組の提供など、幸福の科学文化を広げる事業を行っています。

アー・ユー・ハッピー?
are-you-happy.com

ザ・リバティ
the-liberty.com

幸福の科学出版
TEL **03-5573-7700**
公式サイト **irhpress.co.jp**

THE FACT

ザ・ファクト
マスコミが報道しない
「事実」を世界に伝える
ネット・オピニオン番組

ザ・ファクト　検索

NEW STAR PRODUCTION

ニュースター・プロダクション

「新時代の美」を創造する芸能プロダクションです。多くの方々に良き感化を与えられるような魅力あふれるタレントを世に送り出すべく、日々、活動しています。 公式サイト **newstarpro.co.jp**

ARI Production

ARI《アリ》 Production《プロダクション》

タレント一人ひとりの個性や魅力を引き出し、「新時代を創造するエンターテインメント」をコンセプトに、世の中に精神的価値のある作品を提供していく芸能プロダクションです。 公式サイト **aripro.co.jp**

大川隆法　講演会のご案内

大川隆法総裁の講演会が全国各地で開催されています。講演のなかでは、毎回、「世界教師」としての立場から、幸福な人生を生きるための心の教えをはじめ、世界各地で起きている宗教対立、紛争、国際政治や経済といった時事問題に対する指針など、日本と世界がさらなる繁栄の未来を実現するための道筋が示されています。

2019 年 12 月17 日 さいたまスーパーアリーナ「新しき繁栄の時代へ」

2019年10月6日 ザ ウェスティン ハーバーキャッスル トロント(カナダ)「The Reason We Are Here」

2019年7月5日 福岡国際センター「人生に自信を持て」

2019 年3月3日 グランド ハイアット 台北(台湾)「愛は憎しみを超えて」

2019 年7月13日 ホテル イースト 21 東京「幸福への論点」